DIVERSOS METODOS PARA EMPRENDER Y ALCANZAR LA RIQUEZA

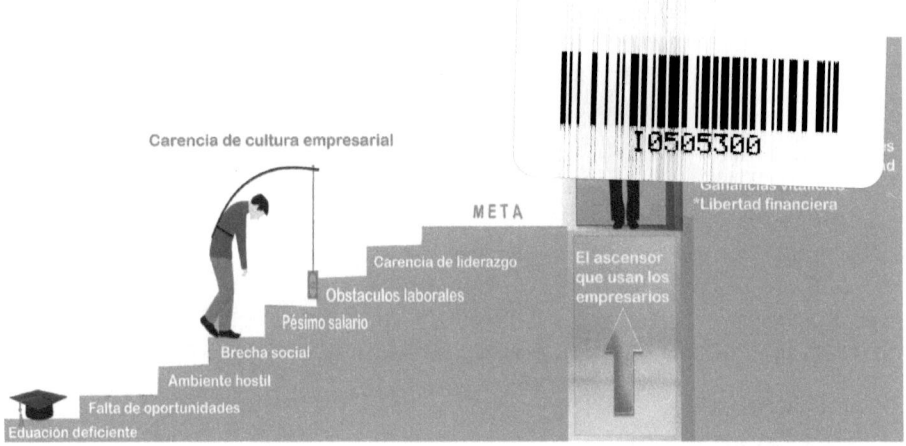

Las personas de clase baja a lo largo de toda su vida utilizan escaleras laborales con obstáculos para alcanzar sus metas. En cambio las personas de clase alta evitan estos métodos ineficaces que rinden frutos a corto plazo y utilizan atajos subiendo directamente por ascensores financieros con estrategias millonarias que se alejan de la forma tradicional del pensamiento humano.

¡Si sabes entender sabrás emprender, recuerda que toda gran empresa comienza con un pequeño sueño!

La mentalidad financiera es el poder de las personas empresarias, una mentalidad que es capaz de vencer obstáculos con un corazón valiente que sigue adelante a pesar de las adversidades, tropiezos y que al final obtienen sus recompensas y sus metas en la vida. La inteligencia debe vencer a la pereza para formar emprendedores y emprendedoras capaces de comerse al mundo de las finanzas ten en cuenta que los mayores logros de los empresarios no son realizados por el dinero sino por la inteligencia y las estrategias que aplican sobre el dinero.

Este libro está dividido en tres secciones de aprendizaje indispensables para descubrir los secretos de las mentes más brillantes, exitosas y millonarias.

Contenido

¡El origen del fracaso es no atreverse a buscar el éxito!

Agradecimientos

Agradezco profundamente al Lic. Robert y la Lic. Silvia, por permitirme mostrar en este libro parte de sus logros como empresario, los cuales servirán de inspiración para todas aquellas mujeres y hombres que deseen emprender y perfeccionarse como personas.

Este libro lleva una dedicatoria especial a toda la gente que está por entrar al mundo del emprendimiento y desean darse la oportunidad de crecer y triunfar en la vida y los negocios.

"La perfección no es una enfermedad, es una consecuencia directa del esfuerzo, la constancia y la disciplina."

Introducción

Si tienes la habilidad de entender, podrás emprender. Este libro ofrece herramientas tanto para el emprendedor como para el empresario. Con técnicas de ahorro, inversión y hábitos millonarios, podrás descubrir los secretos de las mentes más exitosas y adineradas del mundo para llevar una vida económica solvente, libre de deudas, y dominar tu mente a niveles insospechados para alcanzar el éxito.

En estas páginas se explican métodos reales y diversos utilizados por mí y por los millonarios para emprender un negocio o convertirse en un empresario exitoso. Subiendo niveles o peldaños hasta llegar a la cima de tus metas, comprendiendo claramente en qué nivel te encuentras y así lograr tu estabilidad financiera. Este libro está diseñado para enseñarte cómo ahorrar de manera adecuada, además de entrenar y dominar tu mente para emprender o desarrollar una empresa desde cero. También te mostrará cómo invertir, al igual que las grandes mentes maestras de las finanzas, obteniendo ganancias desde el principio, formando tu propia empresa y alcanzando tus metas. Te demostraré que las personas que dominan su mente enfocan sus esfuerzos y deciden persistir pueden alcanzar el nivel máximo posible. Cada paso que des para alcanzar una estabilidad financiera te acercará más a una meta personal.

Este libro abrirá tu mente y cambiará tu percepción del mundo financiero de una forma única, aplicando la técnica de la mente "Yo Triunfador" y "Yo Millonario".

Te mostraré por qué este libro es diferente a cualquier otro que hayas leído, adentrándonos desde la psicología de cada individuo hasta los secretos de las mentes millonarias, abriendo caminos y obteniendo estrategias de ventas y comercio con asombrosos rendimientos. Pasarás de ser empleado a ser emprendedor o empresario exitoso, comprendiendo por qué algunos fracasan en el intento y otros tienen éxito. Además, te presentaré la Guía del Empresario, que formulé con años de experiencia y sacrificio puliéndola detalladamente hasta completarla.

Lo primero que debes saber es que, si quieres ser empresario, debes tener una mente maestra, astucia y un firme deseo de éxito. Debes aferrarte a tus metas diariamente y perseverar hasta alcanzarlas. Si no estás dispuesto a hacerlo, sería mejor que reconsideres tu decisión, ya que estarías desperdiciando tu tiempo y esfuerzo. El fracaso empresarial suele ser resultado de la falta de esfuerzo y visión, no de la escasez de recursos financieros. Las personas que fracasan no lo hacen principalmente por falta de dinero, sino más bien por falta de esfuerzo y visión. Se rinden al enfrentar obstáculos en su camino; el miedo les impide avanzar, los sofoca y paraliza, llevándolos inevitablemente al fracaso absoluto.

En muchas ocasiones, tendemos a creer que las personas que poseen grandes empresas y son millonarias nacieron en pesebre de oro, que siempre han estado rodeadas de riqueza, o quizás que obtuvieron su fortuna de la noche a la mañana al ganar la lotería o algún premio. En esta situación, se piensa que lo único que deben hacer es conservar el dinero y realizar inversiones, comprar bienes inmobiliarios conocidos como bienes raíces, para vivir de las cómodas rentas. Si bien en algunos casos esto puede ser cierto, he presenciado a personas que, a pesar de disfrutar de una riqueza aparentemente estable, han caído en la bancarrota por no saber cómo conservar su fortuna.

La realidad es que no todos los millonarios nacen con una fortuna. Muchos de ellos comenzaron desde cero, con tan solo una idea en mente, trabajando arduamente y superando obstáculos. Iniciaron su camino siendo humildes y con una gran fuerza de voluntad y compromiso. Desarrollaron microempresas a lo largo de muchos años hasta alcanzar una gran fortuna. Algunos millonarios nacen con privilegios, pero otros se forjan a sí mismos, desarrollando una mentalidad emprendedora y ganadora.

Aquí te presento una ruta más directa para alcanzar tus metas y dirigirte hacia el éxito. Recuerda que el árbol del dinero solo dará frutos si siembras en tu empresa dedicación, voluntad y bases sólidas que generen buenas ganancias. No dejes pasar las oportunidades que se presenten frente a ti. A menudo, adoptamos formas de miedo con excusas que nos impiden avanzar: no tengo tiempo, no puedo, no es el momento. Solo al perseguir tus sueños sabrás si vale la pena luchar.

Las etapas que deberían seguir el orden cronológico de tu sueño o meta son las siguientes: primero, un sueño que se convierte en una idea; luego, esa idea se transforma en un proyecto; finalmente, se planea y se lleva a cabo el proyecto. Sin embargo, para algunos, este proceso no funciona de manera tan lineal. Antes que nada, es fundamental que revises en qué nivel económico te encuentras, ya que esto te permitirá evaluar tus posibilidades de emprendimiento y evitar que tus proyectos se queden en un sueño.

Las estrategias y consejos de este libro, son proporcionadas de una manera escalonada es decir de manera ascendente, si quieres convertirte en parte del grupo de emprendedores y empresarios exitosos mi consejo es que leas el libro desde el principio sin dar saltos abruptos a las paginas, todas las pequeñas enseñanzas suman un granito de arena para fortalecer tu mente y tus estrategias, ya que comienza desde lo más simple que es saber la forma de ahorrar capital de manera inteligente, para liberarte o evitar deudas innecesarias hasta invertir grandes cantidades de dinero de una forma estratégica capaz de dar frutos en pocos meses.

Creando rutinas y hábitos para desarrollar tu mente millonaria y alcanzar tus metas, además te ayudará a cultivar y crear redes sociales capitalizables sólidas, además de ser una persona de valor social que son las bases para que tu negocio o empresa tenga el crecimiento exponencial que deseas, en este libro se abstiene la palabra fracaso como algo negativo, se utiliza no como un obstáculo sino como una oportunidad de aprovechar los errores para aprender evitarlos en el futuro además de aprovechar la energía positiva de cada individuo y transformarla en una oportunidad única. Los que son capaces de entender sabrán emprender, en lo personal he tenido la oportunidad de ayudar a muchas personas de forma directa, dándoles un enfoque diferente y la determinación para no rendirse y continuar por sus objetivos.

¡Si sabes entender sabrás emprender!

La rutina apática que no genera dinero es un mal social que debe ser erradicado de raíz de la mente. Si superas la mala rutina y el miedo al fracaso, lograrás avanzar hacia el éxito. Supera el temor a la derrota y entrarás en la carrera hacia el éxito. El triunfo no es instantáneo; es una consecuencia del esfuerzo y la dedicación constante, sin retrocesos. Saber emprender no es tarea fácil; es un camino que muchos comienzan, pero solo algunos continúan por él, a pesar de los errores cometidos. Aprenden de sus fallos y los utilizan para seguir adelante y alcanzar sus metas.

La libertad financiera vitalicia se logra cuando tus gastos quincenales o mensuales se cubren de manera eficiente y automática con dinero adicional al de tus ingresos como trabajador, a través de ingresos pasivos. Esto implica generar ingresos pasivos mensuales o bimestrales de forma constante y sostenida. Debes conceptualizar en tu mente los métodos y herramientas que te permitirán generar dinero de manera constante, sin depender de tu salario.

CAPÍTULO 1

¿DE QÚE FORMA FUNCIONA UNA MENTE FINANCIERA Y MILLONARIA?

En la encrucijada de la vida, cuando te enfrentas a la incertidumbre sobre qué camino tomar, a menudo es sabio detenerse y reflexionar. Detenerse no implica necesariamente retroceder, sino más bien analizar cuidadosamente cuál es la ruta más conveniente. El camino hacia el mundo de los negocios no se trata de una elección al azar; es crucial tener una visión clara del rumbo que deseas para tu futuro empresarial.

A lo largo de este camino, inevitablemente te encontrarás con cientos de situaciones imprevistas. Sin embargo, estar preparado te permitirá afrontarlas y resolverlas de manera efectiva. Muchas personas se enfrentan a estas encrucijadas, sin saber si deben lanzarse como emprendedores o seguir como empleados.

Este dilema se complica aún más para aquellos que tienen responsabilidades familiares, como hijos o cónyuges. Sin embargo, existen diversas formas de emprender sin necesidad de abandonar tu trabajo actual. Es posible ser empleado durante el día y empresario por las tardes, si realmente estás dispuesto a cruzar la línea que separa a un empleado de un emprendedor.

Aunque la imagen común de los empresarios exitosos y millonarios sugiere independencia y sacrificio para alcanzar el éxito financiero, es importante recordar que lo que tu mente cree el cuerpo lo realiza. Creer en ti mismo y en tu capacidad para triunfar como emprendedor será fundamental para entrenar a tu mente hacia el éxito.

¡Ser empleado siempre es solo el comienzo de nunca ser millonario!

La psicología de las mentes millonarias revela cómo actúan y qué decisiones deben tomar para alcanzar sus metas. No hay meta que una mente triunfadora no pueda alcanzar. Desde muy temprana edad, las personas de clase baja se preparan para ser empleados y seguir un ritmo de vida marcado por los altos mandos de la clase alta. El nivel económico al que llegaremos en el futuro se programa en el cerebro conforme crecemos, debido a las creencias y enseñanzas de nuestros padres y del entorno que nos rodea. En cambio, las personas de clase media y alta se preparan desde muy temprana edad para ser empresarios, lo que les otorga años de ventaja en cultura y aprendizaje empresarial. Al llegar a la vida adulta, la clase media y alta ya cuentan con conocimientos y experiencias millonarias, mientras que la clase baja debe nivelar esta falta de recursos monetarios, así como la falta de una mentalidad empresarial y una visión de éxito millonario, para personas promedio de clase media y clase baja alcanzar ese estatus social y económico les resulta mucho más difícil, con demasiados sacrificios.

En la vida, hay varias rutas o caminos a seguir; estos caminos nos ofrecen oportunidades de crecimiento, y es nuestra labor decidir si dejamos pasar la oportunidad y seguimos por el mismo camino, o si cambiamos a otro camino que nos lleve al éxito. Hacerlo o no es decisión de cada persona. Te invito a reflexionar: no permitas que la sombra del miedo al fracaso nuble tus ideas de triunfo. Estimula tu mente hacia el 'Yo vencedor'. La verdadera derrota se encuentra en no hacer nada. Miles de empresas grandes y poderosas surgieron como pequeñas empresas con una gran ilusión. No hacer nada para mejorar tu situación económica es como esperar que cambie tu situación sin motivo alguno, con una mentalidad apática y pobre nunca lograrás más de lo que tienes hoy. Cualquier tipo de mentalidad, ya sea buena o mala, se forma desde pequeño y se va puliendo con los años.

Al igual que miles de personas, mis metas estaban limitadas por mi ideología. Mi forma de pensar me mantenía por debajo de mis anhelos y expectativas, ya que al tener ideas pobres, mis logros eran proporcionales a mi mentalidad. En una ocasión, un amigo mío me dio el mejor regalo que pueda recibir una persona, y créanlo, no es un objeto costoso, pero es muy valioso por lo que representa: un libro lleno de experiencias y sabiduría, una biografía de un empresario escrito con puño y letra por un empresario japonés. Aunque su contenido está un poco mal escrito, ya que él mismo lo tradujo al español, contiene frases de reflexión, oraciones y varias escrituras que para muchos pueden carecer de importancia. Sin embargo, hay mucha sabiduría en ese modesto libro, con enseñanzas y secretos millonarios, estos y otros aprendizajes de la vida me llevaron a forjar mi presente y futuro de empresario.

Ser rico o pobre, en la mayoría de las ocasiones, es una elección. Muchas personas que nacen pobres, debido a las condiciones humildes de sus padres, heredan no solo pobreza física o monetaria, sino también pobreza mental. Nacer pobre es una condición familiar. Sin embargo, después de alcanzar la madurez y tener condiciones y oportunidades en el mundo, ser pobre es una elección bajo el pretexto de provenir de una familia humilde. La grandeza de la mente se esconde en los miedos e inseguridades, deja fluir esa grandeza.

Desde la formación académica hasta la empresarial, todas las personas invertimos cuatro recursos esenciales: tiempo, dinero, esfuerzo y mente. Desde la primaria hasta la universidad, invertimos estos cuatro elementos sin importar nuestra clase social. En las primeras etapas, y en la mayoría de los casos, la inversión proviene de nuestros padres hasta la graduación universitaria. Esta inversión es innegociable; debemos hacerla antes de generar un solo centavo. El verdadero problema no está en invertir, sino en dónde y cómo invertir. Estamos programados por el sistema capitalista para seguir ese camino, y es en la edad adulta cuando comenzamos a recuperar esa inversión en términos monetarios. Es ahí donde muchos se cuestionan si realmente valió la pena o si solo fue un espejismo y una pérdida de tiempo. Las escuelas forman trabajadores, no te enseñarán cómo generar dinero. Sin embargo, ser independiente y crear tu propio negocio abrirá puertas y te brindará una visión diferente, alejada de los pensamientos limitados de aquellos que siguen el camino convencional.

Debes ser sabio al emprender, no solo inteligente. Recuerda: "Todos los sabios son inteligentes, pero no todos los inteligentes son sabios". Se puede nacer con inteligencia, pero la sabiduría no es innata; se construye día a día a través de experiencias, tanto buenas como malas, aciertos y errores.

Es cierto que no todos pueden ser ricos y millonarios, pero si trabajas para dominar tu mente y las técnicas millonarias, lograrás superar tus actuales condiciones de vida. El nivel comercial o empresarial al que llegarás lo define tu mente, tu esfuerzo, compromiso y el uso adecuado de las técnicas. La vida y los bienes materiales son el reflejo de la mente; lo que deseas para tu futuro es lo que conseguirás. Dicho de otra forma, lo que idealizas en tu mente, por ejemplo, estudiar una carrera, conseguir un empleo acorde a tus conocimientos y estudios, con un salario promedio, se convierten en metas y objetivos. En consecuencia, tu mente trabaja todos los días para conseguirlas, y los logros serán un reflejo constante de tu mentalidad. Si tienes una mente limitada y pobre, entonces tus logros serán igual de pobres, sin frutos personales ni económicos. Al igual que la personalidad, la mente maestra se va construyendo día a día conforme vamos creciendo. Somos en la vida el reflejo de lo que la mente se propone o se programa desde pequeños, ya sea por enseñanzas de los padres o el entorno en que nos desenvolvemos. Tú puedes cambiar tus circunstancias de vida y llevar al máximo el nivel del conocimiento.

Para aprender las mejores técnicas usadas por los millonarios, es necesario que entiendas cómo funciona la economía no solo de tu país, sino a nivel mundial. En el libro que me regaló mi amigo se muestran claramente las diferencias de culturas, pero sobre todo enseña por qué los japoneses y los chinos avanzan mientras otras naciones se quedan rezagadas. Tomando como referencia sus anotaciones, cuando él llegó a México hace 35 años, notó que cuando una persona se atrevía a poner algún local o puesto de comida, semanas después, o incluso solo algunos días, se instalaba otro comercio, quitándole clientela e incluso hablando mal de la competencia. El extranjero llegó con un grupo de inmigrantes japoneses, quienes se reunían 3 veces por semana. Se ayudaban y compartían la comida que tenían. Con un líder, un guía como ellos lo llamaban, este grupo impulsó pequeños comercios en conjunto. La persona más veterana de ellos llevaba la responsabilidad porque era la que más sabiduría tenía. Este empresario japonés hoy en día tiene una empresa multimillonaria. Desafortunadamente, no le presté mucha atención a este libro y a los relatos que contenía. Fue mucho tiempo después que entendí lo que tenía enfrente. Cuando te muestre los secretos de esta y otras mentes maestras, sabrás cómo conseguir tu propia riqueza.

Echa un vistazo atrás y, si eres empleado, te darás cuenta de que llevas varios años trabajando para una empresa y todo lo que has generado de ganancias lo has malgastado: tus ganancias netas, horas extras, tu sueldo y también tus utilidades. Toma una calculadora y revisa tus gastos aproximados anuales, incluyendo las utilidades que ya te gastaste, y verás la enorme cantidad de dinero despilfarrado. Posiblemente le diste un uso que crees que es el adecuado: compraste televisiones, ropa, vacaciones, las mejores comidas en restaurantes, idas al cine, al antro, decoración del hogar, etc. Pero aparentar una vida de rico no te hace rico, solo te llena de deudas y empobrece.

Ahorrar e invertir con inteligencia

Antes de emprender, debes entender que, si tienes deudas y deseas tener un negocio o empresa, debes analizar primero, porque podría ser que esas deudas absorban tu negocio o empresa, llevándote a la ruina. Antes de tomar una decisión errónea como esa, te comparto cómo abrir tu mente. Debes saber en qué nivel económico te encuentras para planear tu futuro financiero y liberarte de deudas. Si decides emprender, te mostraré excelentes métodos para hacerlo, con poca o mediana inversión económica, con estrategias útiles y eficaces para lograr tus metas. Recuerda que los mejores emprendedores y empresarios son los que día con día se esfuerzan por superarse, dejando el miedo al fracaso atrás.

Para gastar, siempre habrá oportunidades, en cambio, para ahorrar, siempre habrá pretextos para no hacerlo. No siempre serás joven y con un trabajo que mantenga todos tus gustos y gastos mensuales. Aprende a prepararte para tu futuro como ex trabajador sin depender de nadie; solo deberás depender de tus ingresos pasivos.

Invierte tiempo y recursos en fortalecer tu mente. Estudia y aprende de aquellos que realmente saben, de los sabios, no de quienes creen saberlo todo. Aléjate de las personas que no aportan nada positivo a tu vida. Ahorra y evita los gastos innecesarios. Ahorrar y emprender parecen lo mismo, pero no lo son. Si ahorras para emprender, obtendrás el capital necesario para materializar tu sueño. Y cuando comiences a emprender, es ideal seguir ahorrando, especialmente cuando tu negocio empiece a generar frutos.

Saber ahorrar parece sencillo, pero la mayoría de las personas no sabe cómo hacerlo. Muchas personas gastan más de lo que deberían. Concéntrate en ahorrar un poco más cada vez, dentro de tus posibilidades. Para ahorrar más, primero debes ganar más. Es importante lograr un equilibrio financiero: gastar en lo que realmente necesitas, no en lo que deseas, para evitar los "gastos hormiga".

Por ejemplo, no puedes gastar más de lo que ganas. Si tus ingresos son de 10 mil pesos y tus gastos fijos y variables son de 8 mil, te quedarán 2 mil para lo que desees. Pero si gastas 11 mil, es decir, más de lo que ingresa, entonces significa que habrás adquirido una deuda. Te endeudaste con algún préstamo para gastar más de lo que debes, Gastar más de lo que ingresas a tu bolsillo no te permitirá ahorrar ni un centavo.

Ten paciencia. La paciencia es una virtud. No te des el lujo de gastar por gastar cuando apenas comienzas. Los emprendedores y empresarios suelen aplicar una regla muy útil: la regla del 20%. Solo debes gastar el 20% de tus ganancias. Al principio, este porcentaje puede parecer poco, pero a medida que aumenten tus ganancias, ese 20% también crecerá.

Por ejemplo, si tu negocio genera 10 mil pesos, el 20% de esa cantidad será de 2 mil pesos. Sin embargo, cuando tu negocio crezca y logres ganar 100 mil pesos, el 20% será de 20 mil pesos, es decir, 10 veces más. Puedes optar por gastar un porcentaje mayor, como el 30% o el 40%, pero estadísticamente, los resultados son mejores si destinas una mayor parte de tus ganancias a reinvertir en tu negocio. Esto puede ser en forma de publicidad, expansión, o aumento de inventario, entre otros. La experiencia y la sabiduría te guiarán en cada paso.

El 100% de las personas desean ser ricas, pero solo un pequeño porcentaje está dispuesto a hacer lo necesario para lograrlo de manera honesta. Despierta tu conciencia emprendedora.

La verdadera riqueza comienza con el ahorro. El dinero ahorrado y no malgastado tiende a convertirse en una pequeña fortuna que crece día a día. Aprende a darle más valor al dinero. Si sabes administrarlo correctamente y hacerlo trabajar para ti de manera inteligente, entenderás que tu mente es más valiosa que el dinero. Aplicar conocimientos y estrategias atraerá el dinero hacia ti como un imán. Confía en ti mismo antes de confiar en los demás; cree en el potencial que tienes y no temas aprovecharlo, ya que es único en cada persona. El bien más valioso es tu mente y tus valores.

Al comenzar tu emprendimiento, no busques solo dinero; busca aumentar tu conocimiento personal y empresarial. Además, trabaja en lograr una mayor estabilidad emocional y en encontrar el equilibrio mental. Aférrate a tus objetivos con pasos firmes y sin detenerte. Conviértete en una persona de alto valor, con un enfoque diferente pero efectivo a la hora de generar ingresos.

La ambición por sí sola no te hará millonario. En cambio, aplicar estrategias inteligentes de ahorro e inversión te permitirá alcanzar tu objetivo diez veces más rápido que la mayoría.

La ambición es el deseo constante de obtener algo que parece inalcanzable en el momento: un auto, una casa, un negocio, riqueza, poder, etc. Este deseo requiere esfuerzos físicos y mentales, con acciones encaminadas a alcanzar ese objetivo. Es una energía que desgasta tanto la mente como el cuerpo; cuanto mayor es tu ambición, mayor será el esfuerzo necesario. Sin embargo, si logras dominar tu mente financiera, podrás lograr más con menos esfuerzo.

Muchos emprendedores creen que un negocio pequeño no obtiene buenas ganancias y le apuestan a proyectos grandes invirtiendo grandes cantidades de dinero, esfuerzo, dedicación y derrochan capital en publicidad, pero ¿Cómo sustentar un proyecto de negocios grande?

La realidad es que si no tienes el capital necesario y la forma adecuada tus posibilidades son muy bajas, solo los emprendedores y empresarios con una experiencia solida son capaces de hacerlo reduciendo o minimizando el riesgo. Si apenas comienzas y no tienes experiencia te recomiendo que comiences con proyectos pequeños en los cuales puedes maximizar tus probabilidades de éxito, una vez que estos te den una solidez económica en corto plazo puedes sustentar un proyecto más grande, es colgarte de estos pequeños proyectos para patrocinar otros más grandes, el recurso monetario para un proyecto mayor debe de provenir de las ganancias de estos pequeños proyectos. Si tu proyecto grande no tiene éxito o su crecimiento es demasiado lento, podrás hacer modificaciones adecuadas, publicidad, promociones, conseguir socios o patrocinios o cualquier elemento necesario para que pueda florecer sin arriesgar tu patrimonio, hacerlo de manera inversa es decir apostarle todo el capital a un proyecto de negocios grande sin tener la experiencia puede resultar en la bancarrota.

No debes poner todos los huevos en un solo canasto, si los diversificas tus probabilidades de éxito serán mayores que cuando solo realizas un proyecto. Negocios o servicios que te permitan sostener un proyecto mayor incluso aun cuando uno de ellos no tenga el éxito o las ganancias esperadas aun tendrás otros en los cuales obtener el recurso monetario necesario para nuevos proyectos.

Cuando una manzana está podrida, debes sacarla de las demás para que no contaminen al resto. es igual con los negocios y las personas, cuando esa manzana está defectuosa debes de separarla del grupo, en el caso de los comercios si no dan resultado en los meses adecuados es necesario hacer las correcciones para salvarlo o eliminarlo para que no te genere más perdidas.

El 20 % de ganancias de cada negocio o servicio es utilizado para invertir.

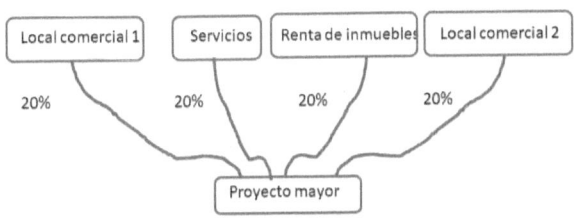

En el ejemplo anterior el 20 % de las ganancias de cada proyecto se convierte en el 80% para un proyecto grande que puede ser sustentado durante meses sin afectar la rentabilidad de los proyectos primarios, el proyecto grande se cuelga y se sustenta de estos pequeños negocios o proyectos.

¡El capitalismo!

Siempre aprende de todas las personas que puedan aportar algo a tu vida y a tu crecimiento mental. Los sabios no nacen, se hacen, gracias a experiencias propias y ajenas, y sabiendo cómo utilizar su inteligencia a su favor. No busques tener millones desde el principio; primero, entiende cómo funciona el mundo capitalista a tu alrededor. Establece objetivos realistas en tu mente y avanza día a día. Usa las aguas del rio de la tecnología a tu favor, porque de lo contrario, estarás remando contra la corriente. La libertad financiera te permitirá alcanzar el estilo de vida que anhelas. La abundancia es como plantar una pequeña semilla de dinero que, con el tiempo, crecerá y te dará frutos para mantener tu estilo de vida. Sin embargo, antes de todo, debes proteger esa inversión inicial: esa semilla de dinero que debe ser cuidada y ayudada a crecer. El dinero y los millones llegarán después.

La distribución de la riqueza en el mundo es extremadamente injusta, con algunos siendo extremadamente ricos y otros extremadamente pobres. Así como hay edades para estudiar primaria, secundaria, preparatoria y universidad, también hay edades para volverse millonario. Esto se debe a que a medida que uno envejece, las probabilidades y los deseos de emprender o ser empresario disminuyen. Las fuerzas físicas y mentales se debilitan, y aunque una persona menor de 18 años pueda soñar con ser empresario, será a partir de los 25 cuando realmente comenzará a tener las herramientas para lograrlo. A medida que uno crece laboral y mentalmente, puede inclinar la balanza financiera a su favor para alcanzar sus metas. Las estadísticas lo confirman: la gran mayoría de los empresarios se forjan entre los 25 y los 45 años, siendo este el período clave para convertirse en empresario. Antes de los 25, los conocimientos suelen ser vagos e incompletos, con una inmadurez de ideas que a menudo ni siquiera se considera la posibilidad de ser empresario.

El patrón psicológico del pobre es estudiar para ser empleado, además de la falta de experiencia. Después de los 45, las oportunidades disminuyen debido al estilo de vida que no permite invertir ni perseguir los sueños.

¿Por qué?

Por las razones obvias y conocidas, como el matrimonio y los hijos, deudas adquiridas. Sin embargo, esto no significa que no puedan ser empresarios exitosos en rangos de edades diferentes a los anteriores, solo que es mucho más complicado por no hacer un plan de vida económico y social.

Si no estás dispuesto a sacrificar tiempo, esfuerzo y dedicación en tus proyectos, no conseguirás la estabilidad financiera que tanto anhelas. La realidad que vives después de los 45 años es el resultado de las decisiones que tomaste en el pasado. A partir de esa edad, alcanzar tus metas requerirá tres veces más esfuerzo.

Cuando se trata de ahorrar dinero, es más que un juego de números; en realidad, es una habilidad mental y una estrategia que cualquier ser humano puede realizar con voluntad y esfuerzo para no gastar en lo innecesario y juntar el equivalente al dinero malgastado. Requiere disciplina diaria y constante. El problema es que los malos hábitos y los defectos, así como las virtudes, se acentúan con la edad. Una persona que no aprendió de pequeño a ahorrar no lo hará de grande a menos que modifique su visión del ahorro y su mentalidad. Si no estás de acuerdo, te invito a que hagas un pequeño reto financiero que te ayudará a demostrar la veracidad de las palabras; más adelante te indicaré en qué consiste este reto.

Las personas que viven su día a día sin ahorrar un solo centavo, gastando toda la quincena y esperando pacientemente el momento en que llegue la nueva quincena para gastar nuevamente, esas personas, aunque ganen muy bien, se encuentran en un espejismo financiero.

¿Por qué…?

Aunque hayan comprado muchos artículos nuevos, no valen lo que pagaron por el simple hecho de haberlos sacado de su caja y haberlos usado. Si esa persona se quedara sin trabajo, se esfumaría toda su pequeña fortuna y si se enfermara seriamente tal vez todo su capital no le alcanzaría para curarse. La ilusión de una estabilidad financiera se desvanecería por completo.

Cuando te aumenten el salario en tu trabajo, es crucial que actúes como si siguieras ganando lo mismo y destines la diferencia de tu aumento a tus ahorros. Durante un año, guarda ese porcentaje adicional de tu sueldo, y te sorprenderás al descubrir que puedes gastar exactamente lo mismo o incluso menos de lo que gastabas antes de tu aumento.

Es común que la gente asocie el hábito de ahorrar con la pobreza, y aquellos que perciben altos ingresos tienden a creer erróneamente que no necesitan hacerlo. Piensan que, dado que en la siguiente quincena recibirán una cantidad igual o mayor a la que gastaron, no es necesario preocuparse por el ahorro. Sin embargo, esto es un equívoco, ya que las personas adineradas suelen ser grandes ahorradoras.

Los gastos excesivos no se basan en las necesidades básicas, sino en el deseo de adquirir lo que nunca se tuvo, en la compulsión por comprar y satisfacer los gustos propios o de la familia. Es esa tentación que se instala en la mente, en el bolsillo o en la tarjeta de crédito. La verdadera clave está en no tener el dinero disponible y alejarlo del deseo inmediato. Para lograrlo, existen diversas formas de ahorro, desde apartar lo necesario más un extra para emergencias, hasta depositar el excedente en una cuenta bancaria, una alcancía de yeso o una caja de madera, entre otras opciones.

Te sorprendería saber que entre el 30% y el 40% de tus ingresos se desvanecen en gastos que ni siquiera puedes imaginar. El dinero se esfuma rápidamente, desaparece como por arte de magia y te encuentras sin saber en qué lo gastaste. Los pequeños gastos pueden parecer insignificantes, pero son precisamente esos los que vacían tu bolsillo financiero. Este es el principio de "Don Gastalón"... Cuanto más dinero tienes o más ganas, más gastas. No estoy tratando de convertirte en un robot que no disfrute de comprar cosas que te apasionan y por las que tanto has trabajado. Se trata simplemente de mantener el equilibrio económico y el hábito constante del ahorro.

Cuando eres joven, tus gastos van desde salidas al cine, comer en restaurantes, visitar tu bar o antro preferido, ir a conciertos, salir con amigos, entre otros. Y crees que podrás ahorrar más adelante, pero resulta que cuando te casas, tus gastos se multiplican con el alquiler de tu casa o departamento, luz, agua, gastos de internet, y si tienes hijos, ni hablar. Te das cuenta de que realmente nunca pudiste ahorrar y la herencia que les dejarás a tus hijos solo serán deudas y la enseñanza de desperdiciar su capital, lo que los llevará a la ruina. No te culpo, yo hice lo mismo que quizás estés haciendo ahora o hiciste en el pasado al derrochar el dinero. Solo queda lamentarse por no haber podido ahorrar para tener una mejor calidad de vida. Sin embargo, aún es posible corregir el rumbo financiero; sí es posible ahorrar y convertirse en un capitalista líder.

Aquí tienes un dato extra: un joven soltero que ahorra semanal o mensualmente, y que vive con sus padres, este joven tendrá más dinero que un trabajador con carrera que está casado y tiene hijos, esto en tan solo 5 años. ¿Por qué? Por razones lógicas:

No hay impedimentos para el ahorro: el joven vive con sus padres, no paga renta ni servicios básicos, y en algunos casos, contribuye al gasto familiar con una pequeña suma de dinero. Sin embargo, los padres generalmente no educan a sus hijos para contribuir a los gastos fijos del hogar. En cuanto a las posibilidades de ahorro, todos pueden ahorrar, solo que algunos pueden ahorrar más que otros. En muchos casos, aquellos que podrían ahorrar mucho más no lo hacen porque creen que no pueden, porque no está en sus planes o simplemente porque no les apetece, como si su futuro estuviera resuelto. La realidad es que, si no planeas un futuro invirtiendo y ahorrando, cuando llegues a la vejez, tus bolsillos estarán vacíos y solo podrás depender de la pensión para solventar los gastos mensuales.

Lo importante se resume en qué hacer con el dinero que se ahorra. ¿Lo utilizarás para tu retiro? No puedes prever el futuro ni anticipar las emergencias económicas que puedan surgir. Te recomiendo seguir el consejo que ha funcionado para miles de empresarios durante décadas: invertir el ahorro en un negocio o varios negocios que generen ganancias de por vida. Es preferible invertir los ahorros que solicitar préstamos impagables para desarrollar un negocio o empresa. En cierto momento, podrás combinar tus ahorros con un préstamo, pero este último debería ser solo para cubrir un pequeño porcentaje faltante de tu proyecto personal o empresarial.

Cuando adquieres una promoción de algún producto que no necesitas pero que deseas se considera un gasto al fin de cuentas. Comprar un producto con descuento, aunque no sea necesario, no constituye un ahorro, sino un gasto menor respecto al precio original. Normalmente, estos son gastos no planificados. Cada peso gastado de esta manera merma tu capital de ahorro. No se trata de privarte de comprar las cosas que te gustan, pero si eres de los que gastan sin control y solo retienen lo necesario para cubrir el mes, ¡estás en problemas! La mayoría de las personas obtienen sus bienes de manera efímera, lo cual contrasta con la forma en que los millonarios gestionan sus finanzas.

Cuando los empleados de clase media y baja reciben un buen sueldo o un aumento, tienden a aumentar sus gastos. Muchos adquieren autos a crédito con plazos de 3 a 5 años y solicitan tarjetas de crédito. El dinero extra solo alcanza para pagar las mensualidades de la tarjeta, contribuyendo al mínimo con intereses exorbitantes. El auto nuevo, al final, resulta mucho más caro que si se pagara de contado.

¿Qué ocurre cuando no puedes cubrir los pagos mensuales de las tarjetas de crédito?

La realidad es simple pero inevitable para muchos: cuando la tarjeta alcanza su límite y tu sueldo ya no es suficiente, inevitablemente recurrirás al abono mensual de otra tarjeta más accesible, inflando así la deuda. Con la siguiente quincena, por más que intentes reducir el crédito, solo estarás tapando un agujero para destapar otro más grande. Al final, el banco es el que gana.

Si te endeudas hoy, tus deudas actuales limitarán tus sueños futuros. Será una pesadilla cuando quieras adquirir bienes raíces o iniciar un negocio propio y no dispongas del capital necesario para hacerlo realidad.

Liga de descarga para Archivo de Control de Tarjetas de Credito.

https://www.mediafire.com/file/8wfcuhudcry05dp/Control_de_Tarjetas_de_Credito.xlsx/file

¡Deja de perseguir una ilusión, vive tus sueños, evita las malas costumbres que son los depredadores naturales de tus ideas!

LA LLAVE DEL DINERO:
¡El frasco del dinero que jamás se llena!

En la vida, podemos interpretar la riqueza como un recipiente que alcanza su plenitud cuando está lleno. Todos poseemos recipientes de riqueza, algunos más grandes y abundantes que otros. Sin embargo, la máxima riqueza que puede alcanzar una persona con un salario mínimo es realmente limitada. Incluso aquellos que se encuentran por debajo de la clase media experimentarán una riqueza muy restringida debido a las trampas en las que vivimos cotidianamente.

¿Cómo puede una persona saber cuál es el límite de su riqueza?

Existe una manera sencilla de hacerlo. Se debe calcular el salario promedio diario a partir del sueldo semanal o quincenal, multiplicarlo por 30 días para obtener el ingreso mensual, y luego restar los gastos en comida, agua, luz, transporte o gasolina. Además, aquellos que pagan alquiler deben descontar estos gastos. Posteriormente, se multiplica este resultado por los 12 meses del año para obtener la riqueza anual. Si a este resultado se le multiplica el promedio de vida, que es aproximadamente 80 años menos la edad actual, se verá que la riqueza económica es limitada y mediocre.

La llave de dinero

Utilidades y aguinaldo

Un vaso que jamas se llena

Nivel alto de la riqueza

Bonos y horas extras

Clase Media

Pobreza

Pobreza extrema

Gastos mensuales

Deudas

Gastos no planeados

En consecuencia, todos tenemos recipientes económicos que necesitamos o queremos llenar. Algunos son recipientes separados, como por ejemplo, uno para un automóvil, otro para una casa, etc. En ocasiones, es un solo recipiente económico para todos los gastos y planes futuros. Sin embargo, cuando necesitamos vaciar un poco el recipiente por diferentes circunstancias, resulta difícil volver al mismo nivel económico en el que nos encontrábamos

Podemos visualizar este planteamiento como una gran empresa que proporciona el líquido económico necesario para llenar nuestro recipiente. Sin embargo, si el flujo de ingresos es escaso, como pequeñas gotas, el recipiente tardará mucho en llenarse, e incluso podría nunca hacerlo. Aunque parezca un problema puramente matemático, en realidad está relacionado con cuestiones de enfoque, disciplina, organización, visión, administración y pasión. Mientras menos gastemos y menos nos endeudemos, mayores serán los ingresos que podamos generar y nuestro recipiente de riqueza se llenará más rápido.

¿Cómo alcanzar una mente maestra? (La clave de la abundancia financiera y social)

Se logra al conseguir los siguientes principios básicos:

1. Abrir la cerradura de cualquier oportunidad cuando se presenta
2. Programar tu mente con pensamientos y propósitos para conseguir metas
3. La ciencia del éxito depende del conocimiento, innovación, perfección y ejecución de estrategias
4. Adquirir el hábito de ir más allá del propósito común en tu mente

1. Abrir la cerradura de cualquier oportunidad cuando se presenta:

La riqueza reside donde hay oportunidades. Todo aquello que la mente puede concebir, el cuerpo lo puede lograr. La mente maestra no es solo un estado mental, sino una filosofía de vida basada en creencias y valores que potencian habilidades y preparan para el éxito. Si no proyectas confianza y tu habilidad mental es débil, tus negociaciones también lo serán. La mente funciona como una maquinaria que requiere equilibrio total; tus emociones y pensamientos deben ser congruentes. Hacer lo que piensas y pensar lo que haces. Recuerda que donde hay oportunidad, existe riqueza, la cual puede manifestarse en formas monetarias, culturales o espirituales. Busca siempre el desarrollo continuo de la mente; cuanto más te acerques a este fin, mejores resultados obtendrás. Aspira a la excelencia y a la independencia laboral; deja de ser un empleado y conviértete en empresario. Enfócate en superar tus metas para destacarte como uno de los mejores.

Todos poseemos características físicas y mentales distintas. Algunos alcanzan su máximo potencial mental al cultivar una mente maestra lista para cualquier desafío. Entrenar los pensamientos hacia un propósito o meta específica y mantener un comportamiento positivo no solo agrada a las personas, sino que también atrae respuestas igualmente positivas. Debes ser emocionalmente positivo, demostrando autodisciplina y un verdadero dominio sobre tus acciones. Ser positivo no solo debe estar en tu mente; debes transmitirla activamente. Elimina las conductas negativas y estériles que no contribuyen a tu desarrollo mental. Deja de quejarte sobre aspectos de tu vida que no mejoran sin implementar cambios, nada cambia solo porque sí, debes cambiar tus hábitos estériles.

Para desarrollar un olfato empresarial, es crucial cambiar lo que no funciona y organizar tu mente. Solo de esta manera podrás cultivar esa habilidad. No expreses todo lo que piensas; en su lugar, analiza la coherencia de tus ideas y comunica únicamente lo necesario para alcanzar tus objetivos. Evita saturar a tu interlocutor con un exceso de ideas.

Una debilidad común es rechazar las oportunidades que la vida presenta. Es cierto que no todos los proyectos son viables desde el principio, por lo que es necesario avanzar paso a paso. Recuerda que los imperios no se construyen de la noche a la mañana; primero se deben establecer cimientos sólidos, ya que cimientos fuertes equivalen a un imperio fuerte.

Es fundamental dominar las emociones, porque estas pueden influir tanto positiva como negativamente en la conducta humana, afectando tanto la vida personal como la empresarial. Ante cualquier situación y frente a personas cercanas, ya sean amigos, conocidos o colegas de negocios, es importante mantener una actitud positiva y mostrar autodisciplina. La disciplina contribuye significativamente a la consecución de metas. Conoce tus capacidades y habilidades, y trabaja en desarrollar aquellas habilidades mentales que te permitan potenciarlas. Realiza autoevaluaciones para identificar áreas de mejora y eliminar malos hábitos. Superar tus miedos también fortalece tus capacidades mentales.

No permitas que personas con intenciones negativas apaguen tus sueños o detengan tu progreso. El éxito está cifrado en el subconsciente de la mente triunfadora, mientras que el fracaso se alimenta de la negatividad transmitida por aquellos que desean verte fracasar, incluso tu propia mente puede llevarte al fracaso si lo permites. Cultivar una mentalidad positiva es un proceso diario.

Las mejores ideas de negocio residen en tu mente. Permíteles fluir, considera las ideas de quienes te rodean, analízalas, visualiza su potencial y utilízalas si son viables; en caso contrario, guárdalas, ya que podrían ser útiles en el futuro.

Ya seas un empresario pequeño o grande, la autodisciplina y la gestión eficiente del tiempo son fundamentales tanto en el ámbito laboral como en el personal.

2. Programar tu mente con pensamientos y propósitos para conseguir metas

No podrás vender ningún producto o servicio si tú mismo no crees en lo que ofreces. Adopta la postura de un buen vendedor: no intentes imponer tu producto, sino que acepta sugerencias que aporten beneficios. El éxito y el fracaso están directamente relacionados con tus pensamientos y acciones. El deseo constante de riqueza es necesario para lograr tus objetivos. Es importante establecer objetivos tangibles y alcanzables. Por ejemplo, una persona que desea ser millonaria sin un plan para lograrlo está siendo poco realista. En cambio, aquel que se propone alcanzar miles de ventas en un producto específico tiene un objetivo concreto y alcanzable. Planifica y organiza cómo alcanzar tus objetivos, y la riqueza llegará como resultado de alcanzar tus metas.

Muchas grandes ideas surgen en el interior de cada persona cuando se encuentra sola y reflexiva. Cuando esto ocurra, es importante no permitir que esas ideas queden en el olvido, perdidas en los recovecos de nuestros pensamientos. Ayúdate a ti mismo a sacarlas a flote y convertirlas en proyectos reales. Despierta a esa persona sagaz e inteligente que reside en ti, siempre con la mentalidad de un vencedor y un líder exitoso. Sal de las sombras del miedo y forja el futuro de tu negocio o empresa sobre los cimientos íntegros y únicos que cada individuo posee.

La fortuna y el dinero son corrientes que atraen a las mentes que buscan el éxito. En el incansable sacrificio, la fe y la esperanza son los pilares de tus triunfos. El éxito y la maestría no surgen por arte de magia ni aparecen de la nada. Son el resultado de la amalgama de ideologías, trabajo, esfuerzo y mentes coordinadas y perspicaces. Cada logro o meta alcanzada debe servir como impulso para continuar avanzando hacia nuevas metas.

Todas las acciones, logros y tropiezos dejan huellas y abren caminos diferentes en la mente. Una vez que aprendes los secretos del éxito empresarial, esos conocimientos se vuelven imborrables e impactantes para quienes te rodean. Cada logro alcanzado debe ser motivo para dar gracias a Dios por las bendiciones en tu vida.

Los pensamientos, por sí solos, no provocan un cambio visible en las personas. Cuando los pensamientos se quedan solo en la mente, no generan transformaciones. Sin embargo, al compartirlos, dejan de ser meras sombras en la mente individual para convertirse en realidades tangibles y alcanzables. Las oportunidades pueden y deben ser convertidas en riquezas.

Comienza cada día analizando lo que hiciste bien y mal. Es crucial analizar y mejorar continuamente. Resolver problemas desde el principio es importante, pero es aún mejor prevenirlos antes de que crezcan considerablemente. Siempre existe margen para cambiar o mejorar. Utiliza las experiencias de vida como lecciones que te ayudarán en el futuro. Todas las experiencias dejan aprendizajes, pero el conocimiento adquirido no sirve de nada si no se aplica en la vida diaria.

La mayoría de los empresarios exitosos comenzaron desde cero, trabajando arduamente para alcanzar el éxito. Si deseas cultivar una mentalidad maestra, activa la conducta emprendedora en ti. Entrena tu mente para no temer al fracaso y para alcanzar tus metas, sin importar los obstáculos y desafíos. Aquellos que fracasan no lo hacen por falta de oportunidades, sino por falta de esfuerzo y enfoque empresarial. Al perseguir tus sueños, obtendrás estabilidad financiera y emocional. No abandones tus sueños por falta de recursos, recuerda que tu mente es el recurso más valioso y poderoso; con ella, podrás iniciar el proceso para alcanzar tus metas.

El éxito va más allá de las metas establecidas. Siempre debes aspirar a más y superar tus propios límites. Es normal que el camino hacia el éxito no sea fácil ni rápido. Las circunstancias adversas pueden abrumar la mente con pensamientos negativos, llevando a las personas a abandonar sus propósitos y metas. Estos pensamientos negativos son como cuervos que picotean la mente, sembrando inseguridad y miedo. Por ello, es esencial que los pensamientos positivos prevalezcan, acompañados de un análisis empresarial y estrategias para alcanzar el éxito.

Abandona la apatía y la pereza. Cuando persigues un propósito con los medios adecuados y la sabiduría para llevarlo a cabo, el éxito se vuelve inevitable. Ninguna victoria es más gratificante que aquella lograda con esfuerzo, dedicación y compromiso personal.

Un ejemplo de una persona que alcanzó la riqueza con una mente maestra y audaz es el empresario mexicano Carlos Slim, quien ocupa el cuarto puesto en la lista de los más ricos del mundo. Hijo de inmigrantes, su padre fundó la empresa "Estrellas del Pacífico". Slim, propietario de una inmobiliaria y constructora de viviendas en los años setenta, vio en muchas empresas con problemas o en quiebra financiera una oportunidad de negocios. Compraba estas empresas a precios bajos e invertía en ellas, llevándolas a su máximo nivel empresarial y aumentando así su patrimonio y fortuna. Se destacaba por su tenacidad y falta de miedo al fracaso. Su filosofía de vida en ese entonces era convertirse en el empresario más poderoso y rico de México. Cada empresa que adquiría formaba parte de su gran meta, por la cual trabajaba incansablemente.

La estrategia correcta para el producto adecuado, marketing y comercialización. Los proyectos son como recetas de cocina: cada platillo tiene una combinación única de ingredientes y un proceso de preparación distinto. Los empresarios manejan estos conceptos y elaboran su propia estrategia empresarial. Por ejemplo, una franquicia tiene los mismos componentes técnicos y logísticos en cada una de sus sucursales, independientemente del giro o negocio, pero ninguna empresa de franquicias es idéntica a otra.

3. **La ciencia del éxito depende del conocimiento, perfección y ejecución de estrategias**

La ciencia del éxito depende del conocimiento, la perfección y la ejecución de estrategias. Las oportunidades a veces surgen de manera inesperada y tienen un tiempo limitado. Las personas astutas y de mente ágil reconocerán estas oportunidades y buscarán obtener beneficios de ellas. Por otro lado, aquellos que no desarrollan su potencial mental dejarán pasar estas oportunidades, e incluso podrían no darse cuenta de que están frente a una oportunidad de negocio. Las oportunidades de negocio aparecen y desaparecen constantemente; algunas pueden llevarte al éxito financiero si sabes aprovecharlas al máximo.

4. Adquirir el hábito de ir más allá del propósito común

Adquirir el hábito de ir más allá del propósito común es fundamental. El principio de la mente maestra consiste en entrenar tu mente para que obedezca tus ideas positivas y no caiga en impulsos negativos. Eliminar la pereza es clave para evitar caer en un ciclo infinito de fracasos, ya que las ideas negativas pueden conducir a una ejecución deficiente de tareas y proyectos.

Comienza cada día con alegría y entusiasmo, y transmite esta energía a quienes te rodean. Siempre busca superar tus propósitos y evita la monotonía de hacer lo mismo todos los días.

Pequeños cambios pueden generar grandes realidades. El éxito se alcanza paso a paso, día tras día, al sembrar las semillas de tus metas en tu mente y trabajar constantemente para hacerlas florecer. Todos enfrentamos tropiezos financieros, económicos o personales en algún momento de nuestra vida. Lo importante es cómo superamos estos obstáculos y nos fortalecemos mental y comercialmente.

Una mente maestra se nutre de conocimientos y experiencias propias y ajenas hasta lograr ser fuerte y disciplinada, capaz de visualizar el rumbo de la empresa y sus metas. Debes elevar tu mente a un estado emocional de "YO GANADOR, YO EXITOSO".

Las oportunidades están siempre presentes; solo debes saber aprovecharlas. En muchas ocasiones, dejé escapar oportunidades de negocio por no saber reconocerlas, hasta que puse en práctica todo el conocimiento y la experiencia adquiridos para avanzar hacia mis metas.

Para entender cómo ganan los ricos y los millonarios, primero debemos analizar qué hacen y luego explorar cómo lo hacen. ¿Cuántas veces has ido a un restaurante y has observado a un millonario derrochar su dinero? Es fácil pensar que esa persona no es nada ahorrativa y que simplemente gasta a su antojo porque tiene dinero de sobra. Incluso solicita las botellas de vino más costosas y cubre los gastos de sus invitados. Este comportamiento es común entre la mayoría de los políticos en México y en muchos otros países del mundo. Pero, ¿cuál es su secreto?

La realidad es que ellos no pagan ni un centavo de su bolsillo. Utilizan fondos provenientes de las contribuciones del pueblo. Los políticos cuentan con viáticos mensuales para sus reuniones, un automóvil que es propiedad del gobierno y se les asigna sin restricciones mientras ocupan el cargo. Además, no tienen que pagar por la gasolina, ya que los gastos que se incluyen en su cargo cubren una amplia gama de beneficios: desde chofer personal hasta gastos médicos mayores, pasando por vacaciones más largas que las del trabajador promedio, vales de despensa, cupones de alimentos para las sesiones, viajes y pago de telefonía, entre otros. Después de recibir todos estos beneficios, su salario quincenal les es entregado en su totalidad sin restarles un solo centavo. Esto les permite realizar inversiones y ahorros considerables sin endeudarse ni solicitar préstamos.

En el caso de los empresarios, una estrategia comúnmente utilizada se conoce como deducción de impuestos. Las personas morales (empresas) tienen la capacidad de deducir una serie de gastos, entre los que se incluyen donativos (hasta un 7% de la utilidad fiscal), compra de mercancía, impuestos, gastos de representación (como viajes de negocios, comidas y publicidad), gastos operativos (tales como internet, renta de oficinas, luz y agua) e intereses de préstamos.

Muchos trabajadores de alto nivel en las empresas pueden viajar, comer, moverse y gastar dinero sin que sus bolsillos se vean afectados. Esta es la gran diferencia en la calidad de vida. Sin embargo, intentar seguirles el paso gastando lo poco que se tiene, pero que se necesitará más adelante, no es sostenible, a menos que hoy mismo se comience a cambiar el enfoque financiero y se deje de ser el empleado endeudado atrapado en una rutina donde los gastos crecen y los ingresos disminuyen, como una hormiga que sigue la misma ruta todos los días.

No es malo ser empleado ni ser pobre. Lo verdaderamente inaceptable es la existencia de una gran cantidad de pobreza en el mundo, mientras que muchas personas contribuyen y forman parte de ella debido a malas prácticas financieras. La decisión, en última instancia, es personal. Se debe tener la valentía de dejar atrás la pereza ideológica y económica que nos mantiene al borde de la bancarrota.

En primer lugar, es importante evaluar de manera realista en qué clase económica nos encontramos, buscar formas de aumentar los ingresos, ahorrar más en cada ocasión, evitar deudas innecesarias y restringir el uso de tarjetas de crédito solo para emergencias.

Cuando era más joven, habría deseado que alguien me brindara consejos y herramientas para dejar de depender de un salario como empleado y obtener ingresos económicos estables y diferenciados. Cometí errores que me costaron un despilfarro de dinero, actuando como si fuera millonario.

Buenos hábitos al utilizar las tarjetas de crédito:

- Úsala como apoyo para comprar bienes raíces o negocios. El dinero de las ganancias irá cubriendo la deuda del crédito.
- Paga o abona antes de tu fecha de pago. Si no puedes pagar por completo, paga el doble o el triple del mínimo que te pide el banco. Mi consejo es no regalar dinero, mejor guárdalo.

En la primera o segunda quincena del mes ya tienes gastos necesarios y programados. Estos pagos forzosos incluyen luz, agua, renta del departamento o hipoteca de la casa, internet, televisión por cable, canasta básica de alimentos, entre otros. Si a estos gastos les sumas el endeudamiento con las tarjetas de crédito, que es un robo de los bancos autorizado por ti sin que conozcas las formas de operación, te sugiero que si guardas todo ese capital que pagas a los bancos sin endeudarte, en un plazo no mayor a 3 años tendrás un auto pagado de contado sin necesidad de sacarlo a crédito. O bien, podrías usar ese capital para emprender o llevar a cabo tus proyectos personales. Los bancos están diseñados para hacer dinero, recaudar dinero e invertir dinero de los clientes en actividades lucrativas. Así que no creas que el banco está para ayudarte; al final de cuentas, es un negocio y tú eres dinero seguro para el banco.

Si deseas marcar la diferencia en tu vida, realiza lo que pocos hacen: cambia tu forma de gastar y modifica tu manera de ahorrar. Sueña en grande y esfuérzate por alcanzarlo. Libérate de las deudas, ahorra e invierte para generar ingresos extras, ya que siempre habrá imprevistos, aunque no estés preparado. La mayoría de las personas no consideran las posibles contingencias económicas, laborales, personales o familiares que puedan surgir en el futuro. Suelen planear su futuro de acuerdo con sus propias creencias o expectativas.

Nadie puede predecir el futuro. Es posible que pierdas tu empleo y te tome semanas o meses encontrar otro, no necesariamente porque no haya empresas buscando empleados, sino porque la vacante que necesitas podría no estar disponible. Por ello, si logras obtener ingresos pasivos que superen el equivalente a 2 o 3 salarios administrativos, y tienes ahorros para imprevistos, puedes utilizar este capital para invertir en otros negocios o incluso darte esas vacaciones que has pospuesto con sacrificio.

¿Por qué? Porque seguirás teniendo ingresos generados por tus negocios adicionales. A diferencia de depender únicamente de un salario y no disponer de un flujo monetario, lo cual puede llevarte a endeudarte. Es crucial comprender qué te cobra el banco cuando utilizas la tarjeta. El banco te cobra intereses por el uso que haces de ella durante los 30 días del mes, así como por el manejo de la cuenta, el uso del sistema bancario, el monto del préstamo y su respectivos interés, entre otros conceptos. Te recomiendo entender estos conceptos de manera clara, ya que suelen ser la principal fuente de preocupación para quienes tienen deudas que parecen impagables.

Basado en mi experiencia, te recomiendo no tener más de 2 tarjetas de crédito. En segundo lugar, no pagues todo con tarjeta, incluso si es a meses sin intereses. Utiliza la tarjeta únicamente para compras necesarias o programadas. Antes de usarla, asegúrate de revisar si puedes pagar lo que comprarás en efectivo o con tarjeta de débito. Finalmente, utiliza la tarjeta solo en casos de emergencia y procura pagar esa deuda en un plazo corto.

Recuerda que las instituciones bancarias te proporcionarán una tarjeta de crédito con un límite acorde a tus ingresos, es decir, el capital que recibes de tu empleo y cualquier otro ingreso adicional. El máximo de tu pago mensual no debería exceder tu capacidad de pago, la cual se sitúa en un 35% de la deuda total de la tarjeta de crédito. Si tienes más de 2 tarjetas y las llevas al límite de endeudamiento o al máximo de crédito, significa que incluso abonando la totalidad de tu sueldo del mes no podrás pagarlas.

Por ejemplo, si tu sueldo mensual es de 8,000 pesos y posees 3 tarjetas de crédito en las cuales has alcanzado el tope de tu límite de crédito, pagando 2,500 en una, 3,000 en otra y 1,000 en la tercera, ni siquiera estarías abonando a la deuda principal. Estarías únicamente cubriendo los intereses del mes por no pagar la totalidad de la deuda. La suma de los pagos de las 3 tarjetas asciende a 6,500 pesos, dejándote con tan solo 1,500 pesos para todos tus gastos mensuales. En esta situación, te verías imposibilitado de pagarlas y entrarías en un estado de estrés debido a la falta de recursos monetarios. Este ciclo vicioso de deudas es lo que te mantiene al borde del precipicio financiero.

Las deudas no conducen a la felicidad; es todo lo contrario. Muchas personas experimentan frustración, estrés, ira y, en algunos casos, depresión constante. Cuando decidas pagar una deuda considerable, evita obtener préstamos bancarios o utilizar otras tarjetas de crédito. Emplea recursos como préstamos laborales, rifas, tandas o una parte de tus ahorros. El objetivo es liberarte cuanto antes de esta situación negativa que obstaculiza tu progreso en el mundo empresarial. Cuanto más te adentres en niveles altos de endeudamiento, menos probabilidades tendrás de convertirte en emprendedor o empresario.

La gente suele confundir con frecuencia el obtener préstamos para un negocio o para invertir en empresas que generarán ingresos en el futuro, con endeudarse para adquirir artículos que no generarán ingresos y que simplemente restarán a tu capital y a tus ahorros. Es decir, no es lo mismo un préstamo para inversión que un préstamo para gastos personales.

Te proporciono una liga de descarga con un archivo que podrás utilizar para programar ahorros, con proyecto de ahorro anual que sirve de herramienta para lograr objetivos económicos.

https://www.mediafire.com/file/co1xiu75bfm79vr/Herramienta_de_Ahorro_Anual.xlsx/file

Ahorro Anual (Proyecto Personal o Empresarial)				Ahorro Anual (Proyecto Personal o Empresarial)			
Semana	Ahorro	Retiro	Saldo Semanal	Semana	Ahorro	Retiro	Saldo Semanal
1	$ -	$ -	$ -	26	$ -	$ -	$ -
2	$ -	$ -	$ -	27	$ -	$ -	$ -
3	$ -	$ -	$ -	28	$ -	$ -	$ -
4	$ -	$ -	$ -	29	$ -	$ -	$ -
5	$ -	$ -	$ -	30	$ -	$ -	$ -
6	$ -	$ -	$ -	31	$ -	$ -	$ -
7	$ -	$ -	$ -	32	$ -	$ -	$ -
8	$ -	$ -	$ -	33	$ -	$ -	$ -
9	$ -	$ -	$ -	34	$ -	$ -	$ -
10	$ -	$ -	$ -	35	$ -	$ -	$ -
11	$ -	$ -	$ -	36	$ -	$ -	$ -
12	$ -	$ -	$ -	37	$ -	$ -	$ -
13	$ -	$ -	$ -	38	$ -	$ -	$ -
14	$ -	$ -	$ -	39	$ -	$ -	$ -
15	$ -	$ -	$ -	40	$ -	$ -	$ -
16	$ -	$ -	$ -	41	$ -	$ -	$ -
17	$ -	$ -	$ -	42	$ -	$ -	$ -
18	$ -	$ -	$ -	43	$ -	$ -	$ -
19	$ -	$ -	$ -	44	$ -	$ -	$ -
20	$ -	$ -	$ -	45	$ -	$ -	$ -
21	$ -	$ -	$ -	46	$ -	$ -	$ -
22	$ -	$ -	$ -	47	$ -	$ -	$ -
23	$ -	$ -	$ -	48	$ -	$ -	$ -
24	$ -	$ -	$ -	49	$ -	$ -	$ -
25	$ -	$ -	$ -	50	$ -	$ -	$ -
Total Acumulado 1er Semestre	$ -			Total Acumulado 2 Semestre	$ -		
Semanas de Ahorro			25	Semanas de Ahorro			25

Escanea el QR o copea la liga para descargar el archivo de herramienta para el ahorro.

Mente Maestra y Millonaria

¡Las grandes hazañas viven dentro de nosotros, atrévete a realizarlas! Lo único que debes perder es el miedo.

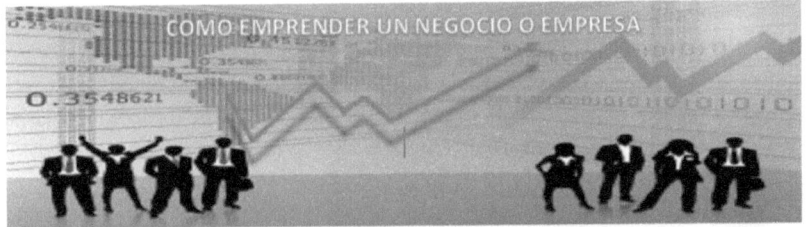

Los siguientes son ejemplos reales y probados para dar tus primeros pasos hacia el éxito y lograr tus metas. Primero, debes entender que cualquier empresa o negocio se basa en el principio fundamental de ventas. Toda empresa vende o renta algo: tecnología, moda, electrónica, televisión, internet, telefonía, cualquier producto o servicio que se te ocurra se enfoca inevitablemente en la venta o renta de productos y servicios. Por lo tanto, necesitas ser un buen vendedor. Pero si las ventas no son lo tuyo, apóyate en personas que tengan un enfoque más amplio que tú, ya sea amigos o libros. Hay miles de tutoriales que pueden ser de gran ayuda.

Visualiza tu empresa, imagínala. Cuando formes tu empresa, las ideas básicas que debes poner en la mente de las personas que se convertirán en tus clientes son las siguientes:

- Tu empresa tiene lo que ellos necesitan.
- El producto que promocionas es el mejor, o uno de los mejores.
- Los precios son excelentes.
- Ofreces un buen trato personal.

Tu estrategia comercial debe ser la siguiente: lo visual se convierte en una de las herramientas más importantes de la venta, pero no es la única. Además, debes transmitir de forma optimista que su mejor opción, ya sea por los costos o por la marca, es la opción que les ofreces. Tu primera empresa, hecha por ti y administrada por ti, puede generar mayores beneficios económicos si ofrece venta o renta de servicios, ya que no hay costos de materiales ni de producción, y las ganancias pueden ser de hasta un 400%.

Un buen vendedor es aquel que comprende las necesidades individuales y grupales de sus clientes, y las presenta de manera persuasiva tanto visual como auditiva. Dejar pasar una oportunidad única en la vida es algo que debe considerarse seriamente. A menudo, adoptamos actitudes basadas en el miedo, expresadas a través de excusas como 'no tengo tiempo', 'no puedo', o 'no es el momento adecuado'. Sin embargo, el camino hacia la realización de un sueño sigue un orden cronológico claro: el sueño se convierte en una idea, la idea en un proyecto, el proyecto se planifica y ejecuta, se mantiene, crece y se transforma. No obstante, para muchos emprendedores resulta difícil seguir este proceso.

La mejor empresa en la que puedes trabajar es la tuya. El mejor jefe o empleado que tendrás serás tú mismo. Trabajar para una empresa ajena puede compararse con trabajar en una mina de oro: por más duro que trabajes o sin importar cuánto oro extraigas, no te pertenece realmente; solo enriqueces al dueño y recibes una pequeña parte a cambio. Trabajar arduamente no te hará millonario si la mina de oro no es tuya. Trabaja en tu propia mina, dedicándote a tu empresa con esfuerzo, incluso si inicialmente la recompensa es modesta. Todo lo que extraigas de ella será tu tesoro. Debes ser tanto el patrón como el empleado, pagarte un salario, cubrir tus gastos y reinvertir para hacer crecer tu empresa.

Si consideras agregar socios a tu mina de oro (tu empresa), ten en cuenta esta recomendación: no deberías buscar socios en cualquier momento. Es preferible hacerlo al inicio o cuando tu empresa ya esté consolidada como una empresa grande y exitosa.

¿Cuáles son los riesgos de buscar socios o inversionistas a mitad del camino en tu negocio o empresa?

La razón principal es que, si buscas un inversionista o socio a mitad del crecimiento de tu empresa o negocio, es probable que tu negocio esté enfrentando dificultades financieras o experimentando un crecimiento lento. En este punto, corres el riesgo de perder el control de tu negocio vendiéndolo o cediendo una parte considerable de las acciones. Estarías al acecho de los 'lobos', que son los empresarios que ven potencial en micro o pequeñas empresas cuando estás se encuentran en bancarrota. Se apoderan de ellas, invierten y las hacen crecer hasta alcanzar su máximo potencial, pero esto implica ceder una gran parte de la propiedad.

¿Cómo saber si la empresa se encuentra estancada?

Cada empresa es única y su crecimiento varía según diversos factores. Sin embargo, existen conceptos básicos para evaluar su progreso económico. Uno de ellos es el factor tiempo: si en un lapso de entre 9 meses y un año no hay un crecimiento de clientes superior al 60% en comparación con su inicio, se considera que la empresa está estancada.

Otro factor crucial es cuando las ganancias no superan el 50% después de deducir los gastos. Es importante considerar las ganancias después de realizar pagos de materiales, alquiler, sueldos de empleados y otros gastos necesarios para mantenerla. Un error común entre los emprendedores es no tener en cuenta estos costos. Por ejemplo, si un comercio genera $500 dólares en ventas en una semana y obtiene una ganancia del 40%, podría parecer que la ganancia sería de $200 dólares. Sin embargo, es necesario recordar que hay que pagar impuestos gubernamentales, el salario del empleado (si lo hay), la electricidad y el alquiler del local, entre otros gastos. Después de deducir estos costos permanentes o inevitables, la cantidad restante constituirá la ganancia. Si no supera el 50%, la empresa se considerará estancada y no podrá ser considerada como un negocio rentable.

A nivel de escala exponencial, si un negocio pequeño tiene ganancias inferiores al 25%, estaría estancado y en riesgo de perder su negocio. Podríamos pensar erróneamente que, si una empresa grande tiene el mismo margen de ganancias, estaría al borde de la quiebra. Sin embargo, sería todo lo contrario: estaría estable y muy sólida financieramente. En algunos casos, sería rentable, pero primero habría que asegurarse de que la empresa no esté al borde de la quiebra. Dicho de otra manera, algunas empresas con un margen de ganancias del 25% en adelante son muy sólidas y rentables, ya que estamos hablando de miles o millones de dólares en ese 25%. Sin embargo, hay otras empresas que podrían estar al borde de la bancarrota, considerando que en el inicio de la compañía su rendimiento era superior; esto reflejaría una disminución y el declive empresarial. Por estos motivos, no se puede comparar una empresa grande con una micro o pequeña empresa.

¿Por qué el fracaso donde otros triunfan?

Como mencioné anteriormente, muchas personas nacen con cualidades para ser grandes empresarios. Es decir, su cerebro está naturalmente capacitado y adaptado para desarrollar habilidades empresariales, crear y diseñar con una visión empresarial. Sin embargo, estás en un error si crees que tú no puedes lograr algo igual o incluso mejor. El cerebro y la mente humana pueden desarrollarse hasta alcanzar un nivel mental superior con el objetivo de alcanzar metas.

El término 'fracaso' no existe en una mente millonaria positiva. La mente maestra del 'yo vencedor' es una habilidad que radica en la constancia y la disciplina. Algunas filosofías, como la japonesa, entienden esto como una ley: 'la disciplina tarde o temprano vence a la inteligencia'. Esto significa que, en palabras elocuentes, no importa ser inteligente, sino disciplinado. Esta acción dará frutos en el futuro cercano. La realidad es que la disciplina y la perseverancia son herramientas para desarrollar una mente maestra, ya que fortalecen el cerebro y la mente a través del aprendizaje cotidiano. Debes ser constante y seguir trabajando. El fracaso no es la ausencia del éxito, sino un obstáculo temporal. Por lo tanto, una vez que se elimine ese obstáculo, el éxito se hará presente. Aquellos que triunfan son constantes, no se detienen cuando las cosas no salen como esperaban. La constancia y el trabajo duro son sus herramientas principales. Si aplicas esto, tu mente se desarrollará y enfocará de manera diferente.

Quizás tengas una mente brillante, pero fracasarías donde otros triunfan porque tu enfoque podría estar en muchas de tus cualidades, pero no en las ventas o el marketing. La historia está llena de personas que eran genios en sus campos, incluso inventores que nos han proporcionado la tecnología que disfrutamos hoy en día, pero eran pésimos estrategas comerciales. Muchos terminaron en la ruina por no saber cómo manejar sus finanzas.

La fortuna de un negocio radica en gran parte en la estrategia y en una menor medida en el producto. Un producto sin estrategia comercial es como un tesoro guardado en un baúl, nadie lo nota. Es por eso que el aspecto más importante reside en la estrategia de marketing. Impulsa tu producto con una buena estrategia. Recuerda que se obtiene un comprador motivando su mente, y la psicología es parte crucial de una buena estrategia. Existen muchos tipos de estrategias comerciales. Los emprendedores deben comprender cómo funciona la mente de un comprador para ser competitivos. Por lo tanto, es necesario comprender dos cosas fundamentales para ingresar a esas mentes: la atracción visual, que puede ir acompañada de la atracción auditiva, y la percepción. Vende satisfaciendo las necesidades del deseo y la emoción de la mente."

La necesidad básica de una persona al contemplar el matrimonio es tener un hogar, un espacio donde vivir. La mayoría de las personas aspiran a tener una casa para alcanzar la felicidad y criar a sus hijos en un entorno de bienestar y tranquilidad.

¿Qué tipo de mensaje crees que se necesita para vender bienes raíces?

Cuando se trata de vender bienes raíces, es crucial transmitir un mensaje que conecte con las aspiraciones de las personas. El mensaje debe ser: ¿Deseas construir una familia y encontrar la felicidad en un entorno armonioso? Si la respuesta es si entonces necesitas adquirir la casa de tus sueños. Este mensaje visualmente atractivo impacta en la mente del comprador, activando su sentido emocional y llevándolo a tomar decisiones basadas en las emociones, más que en la lógica. Si la publicidad es deficiente, la propiedad se venderá eventualmente, pero requerirá más tiempo y probablemente a un precio inferior a su valor real. Por otro lado, una publicidad efectiva, que combine lo emocional con lo racional, acelerará el proceso de venta y aumentará significativamente la plusvalía.

Tomemos como ejemplo una inmobiliaria que ofrece casas. Si su estrategia de publicidad es deficiente, las ventas serán más lentas. Sin embargo, existen numerosas alternativas y estrategias comerciales que pueden garantizar una venta rápida y a un buen precio, sin comprometer las ganancias o reducir el valor de la propiedad.

MALA PUBLICIDA

EXCELENTE PUBLICIDA

MENTE FINANCIERA:
¡El futuro millonario se construye hoy, y se disfruta mañana!

Antes de invertir en bienes inmuebles o propiedades, considera adquirir metales preciosos. Las mejores inversiones al iniciar en el mundo de los negocios son metales que no se devalúan, sino que incrementan su valor con el tiempo. El oro, la plata y el bronce son ejemplos de metales cuyo valor fluctúa al alza. Puedes comenzar con pequeñas inversiones, como la compra de monedas de plata u oro, ajustadas a tus posibilidades financieras. Estos metales no solo son fundamentales en el mundo financiero, sino que también pueden ser convertidos en moneda actual a un precio superior e incluso utilizados para adquirir bienes raíces u otros activos. Al adoptar este enfoque, podrás aumentar tu mina de oro personal de manera segura y gradual, sin depender de fortalecer una empresa que no sea la tuya.

Te recomiendo este tipo de ahorro e inversión desde las etapas tempranas de tu desarrollo empresarial y aún después de convertirte en un gran empresario. Comenzarás a forjar tu cultura del ahorro desde el momento en que adquieras tu primera moneda.

Una vez que tengas la inversión suficiente, podrás comenzar a adquirir bienes raíces. Observa las siguientes gráficas reales de inversión a nivel mundial en oro y plata.

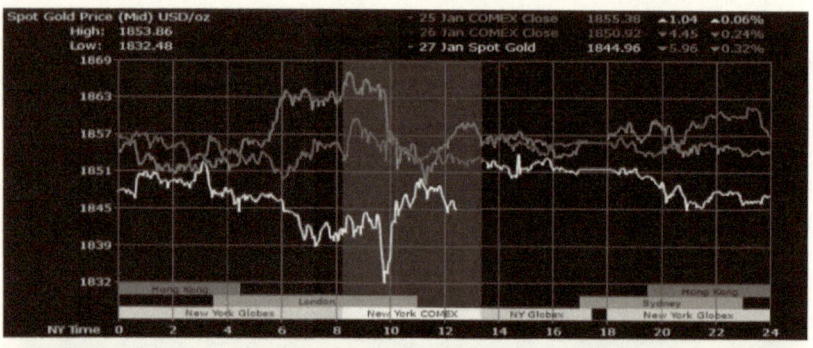

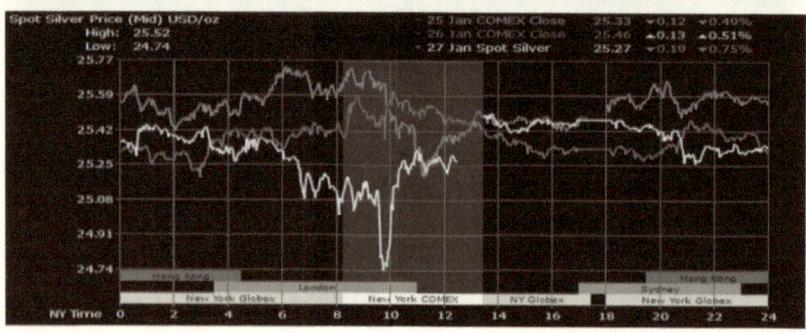

Rendimiento Del Precio Del Oro USD

Change	Amount	%
Today	-5.92	-0.32%
30 Days	-26.40	-1.41%
6 Months	-107.20	-5.47%
1 Year	+281.72	+17.95%
5 Years	+735.32	+65.91%
20 Years	+1588.07	+604.17%

La compra de onzas de oro y plata es un recurso al alcance de cualquier persona para hacer crecer su fortuna individual. Es uno de los métodos de bajo riesgo de ahorro e inversión. La primera gráfica muestra cómo, en los últimos 20 años, el valor de la onza de oro ha mantenido una tendencia al alza, superando los rendimientos ofrecidos por cualquier banco.

20 Year Gold Price in USD/oz

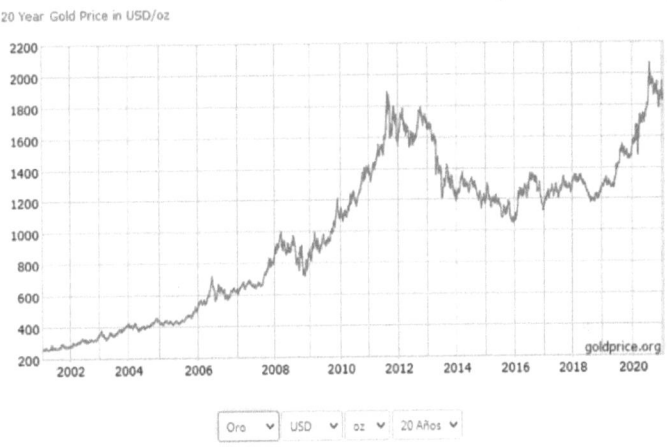

La segunda gráfica muestra el incremento en el valor de la onza de plata y cómo se comporta cada diez años.

20 Year Silver Price in USD/oz

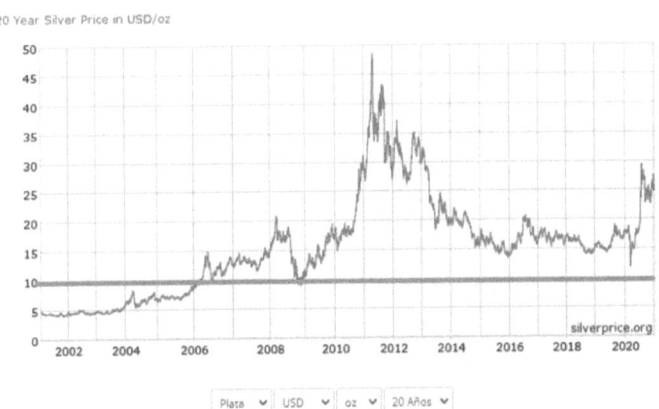

Las mentes millonarias priorizan la inversión en conocimiento antes de aventurarse en los negocios. Por ejemplo, las tiendas de conveniencia son consideradas los negocios de franquicias del siglo. Si estás interesado en adquirir una franquicia o establecimiento comercial, es fundamental comprender su funcionamiento para entender por qué tienen éxito.

Si bien es cierto que adquirir una franquicia como esta requiere una inversión considerable, también es esencial contar con una estrategia de marketing inteligente. Aunque pueda no ser evidente a simple vista, estas tiendas están ubicadas estratégicamente. La gran mayoría se encuentra en las intersecciones de calles, asegurando así que tanto los peatones como los conductores las vean fácilmente al cruzar la avenida, lo que garantiza un flujo constante de clientes y un aumento en las ventas. Esta ubicación estratégica no es casualidad; es el resultado de una meticulosa estrategia de ventas que tiene en cuenta diversos factores.

Además de la ubicación estratégica, estas tiendas ofrecen una amplia variedad de artículos y servicios para satisfacer las necesidades y deseos de sus clientes. Todo esto forma parte de un desafío mercadológico conocido como 'locación inteligente', donde se busca maximizar la visibilidad y la rentabilidad del negocio.

Tiendas multiservicios: fuente de ingresos constantes 24 horas, 7 días a la semana

En el estudio de mercadeo, se manifiesta una regla fundamental del comercio y uno de los secretos del éxito: invertir en algo seguro y no temer al fracaso, lo que los estadounidenses llaman 'locación, locación, locación'. Este concepto es vital cuando se busca atraer a grandes masas. Las tiendas de conveniencia son un ejemplo claro y real de esta estrategia. Si observas su ubicación, te darás cuenta de que no fue al azar; están perfectamente situadas en puntos estratégicos. Aquellas en plazas se encuentran donde el flujo de personas es abundante, mientras que las ubicadas en calles o avenidas están en las esquinas. Esta estrategia garantiza que el 100% de las personas que transitan, ya sea en auto o a pie, las vean desde cualquier punto al cruzar esas esquinas. Además, muchas de estas tiendas se encuentran junto a gasolineras, creando así un monopolio comercial. Este análisis forma parte de un estudio de mercadeo detallado.

Otra estrategia básica es que las tiendas de conveniencia ubicadas en avenidas deben contar con estacionamiento y espacio para publicidad.

Los métodos de los empresarios más usados en el mundo

Hoy en día, muchas personas anhelan volverse millonarias de la noche a la mañana con el menor esfuerzo posible. Es probable que hayas notado la abundancia de libros que promueven la inversión en acciones o en criptomonedas como el bitcoin. Sin embargo, estas estrategias están más dirigidas a empresarios consolidados que a emprendedores novatos. Aunque los emprendedores también pueden invertir, es recomendable hacerlo una vez que su pequeño negocio esté establecido y generando beneficios económicos. A continuación, te proporcionaré las herramientas de inversión más seguras del mercado, mostrándote cómo realizar inversiones inteligentes.

¿Puede una persona de clase económica baja invertir o comprar acciones?

¡La respuesta es sí!

Sin embargo, deberá estar preparada para perder todo su capital, e incluso el dinero destinado a su jubilación, si las cosas no salen como lo planeado. Es importante recordar que un empresario invierte capital directamente proveniente de sus ganancias, mientras que una persona de clase baja invierte dinero ahorrado o adquirido a través de préstamos. Si un empresario pierde dinero, puede recuperarlo gracias a que su empresa continúa generando ingresos. En cambio, una persona de clase media o baja podría quedar en la ruina.

Entonces, ¿cómo debería invertir su dinero una persona común? En primer lugar, es crucial visualizar el giro que tendrá la inversión, es decir, identificar cuáles de las opciones son las más rentables. El objetivo es ganar dinero de manera segura, minimizando los riesgos. En tu caso, es necesario realizar un autoanálisis para identificar tus habilidades y enfocarlas hacia la generación de ingresos. Existen innumerables posibilidades para convertirse en empresario, pero te ayudaré a explorar algunas de las más rentables, independientemente del país en el que te encuentres.

Entre los negocios más lucrativos se incluyen, la industria de la construcción, bienes raíces, venta de muebles, franquicias de restaurantes, franquicias de tiendas de conveniencia, franquicias de productos de belleza, empresas de tecnología, empresas textiles, ropa, empresas de productos alimenticios, y la renta de terrenos comerciales, entre otros. En este caso, nos centraremos en la industria de la construcción y remodelación para que puedas desarrollar tus conocimientos y experiencias. Un empresario en este campo cuenta con millones de dólares para invertir, y su forma de gestionar su empresa depende de su capital disponible.

Cuando un empresario de este sector quiere construir viviendas, centros comerciales, etc., dispone de un equipo encargado de calcular los costos parciales y totales, incluyendo el costo del terreno, materiales, mano de obra, honorarios de arquitectos, permisos de uso de suelo, mediciones arquitectónicas y otras variables necesarias para el proyecto. La realidad es que estos empresarios cuentan con los recursos monetarios, estratégicos y de marketing necesarios para llevar a cabo estas inversiones.

¿De qué forma lo harías tú?

Quizás estés considerando ahorrar lo suficiente para realizar tu emprendimiento. Con un sueldo base de empleado de segundo nivel, podría tomarte alrededor de 15 o 20 años. O quizás estés pensando en pedir un préstamo, lo cual podría consumir tus recursos antes de que puedas siquiera empezar con tu empresa. Si optas por la inversión en la bolsa de valores, podrías tener algo de suerte y ganar millones, o quizás lo pierdas todo, arriesgando tus ahorros para el retiro y más.

La clave para resolver este dilema está en reunir un grupo de individuos con el mismo objetivo: convertirse en socios. Recuerda que tus recursos son limitados y que el camino de emprender por tu cuenta es solo un sueño si careces de las herramientas y recursos necesarios. Por lo tanto, es momento de cambiar tu mentalidad y buscar un esquema de negocios más accesible, como la construcción y remodelación.

La compra de viviendas para remodelar y vender es altamente rentable desde cualquier punto de vista. Los departamentos o viviendas remodeladas pueden incrementar su valor entre un 50 y un 100 %, dependiendo del tipo de remodelación. Una ventaja significativa de adquirir estos inmuebles es que no necesitas tramitar permisos o realizar trámites de uso de suelo, lo que excluye costos y gastos administrativos para poner en regla toda la documentación necesaria. Incluso puedes comenzar con una sola casa o departamento; es una adquisición segura que no se devaluará, a menos que esté ubicada en una zona de riesgo potencial, como zonas sísmicas o de desastres naturales. Por lo general, los condominios y viviendas siempre aumentan su valor.

Si realmente deseas ser un empresario, pero no cuentas con los recursos suficientes, te recomiendo buscar socios que ayuden con el desarrollo y sustento de la empresa que estás a punto de crear. Dependiendo de tu economía, podrían ser entre 6 y 9 socios, ya que mientras más socios haya, menor será la cantidad que tú tendrás que invertir. Procura que entre estos socios haya personas con diferentes habilidades o conocimientos, como contadores, arquitectos, publicistas, etc. Aprovechar estas circunstancias ayudará a ahorrar a ti y a tus socios miles de pesos en gastos primarios con cada proyecto que se presente.

Encontrar los socios adecuados es una tarea que tendrás que llevar a cabo. Es difícil saber el compromiso moral de cada socio, pero sugiero que en términos administrativos y económicos no dependas de una sola persona. Proteger los intereses de la empresa de manera legal es fundamental; al comprar una propiedad para diferentes fines, asegúrate de dividirla entre la cantidad de socios y, al obtener ganancias al venderla, repártelas equitativamente de acuerdo con el porcentaje invertido por cada socio.

Los países de habla latina experimentan un desarrollo empresarial notablemente lento debido a la falta de habilidades para trabajar en equipo. Mientras que un grupo de 10 o 15 empresarios en Japón o China logran proezas, en los países de habla latina, los empresarios exitosos y millonarios tienden a perseguir fines grupales y empresariales. Como resultado, cuando la empresa crece, la economía personal de estos empresarios también crece, pero en los países subdesarrollados de habla latina, ocurre lo contrario. En Latinoamérica, los empresarios suelen buscar únicamente su propio beneficio y están continuamente sujetos al control de otros grandes empresarios, quienes manejan a los empleados como piezas de ajedrez, limitando así los proyectos y los recursos disponibles. Esto conlleva a que los empresarios paguen salarios muy bajos y a menudo restringen a los empleados de acceder a cursos de trabajo en equipo y liderazgo.

Como resultado, las necesidades básicas y económicas de las personas de clase baja se ven gravemente comprometidas, dejándolas con pocas oportunidades de crecimiento laboral. Un empleado insatisfecho difícilmente podrá rendir al máximo en sus funciones dentro de la empresa.

Si deseas transformar tu vida, el primer paso es cambiar tu mentalidad. Una mentalidad apática y conformista te mantendrá en el mismo camino del que estás intentando escapar. Solo al adoptar una mentalidad próspera y enriquecedora podrás trazar un nuevo rumbo, uno que conduzca hacia tu éxito financiero. No temas al cambio; la vida presenta múltiples oportunidades y desafíos, pero solo disponemos de una vida. Permanece firme en la búsqueda de tus metas, esfuérzate y comprométete día tras día. El cambio no ocurre por sí solo; debes iniciarlo primero en tu mente y luego en tus acciones.

Al emprender un negocio, no confíes únicamente en la suerte. Tus habilidades y estrategias son las mejores herramientas para dar forma a un negocio o empresa exitosa. No te limites a invertir dinero y esperar que algo bueno suceda; invierte también esfuerzo, dedicación y conocimiento. La dedicación y constancia que demuestres hoy te convertirán en un líder mañana.

Convierte tu inexperiencia en motivación para aprender y tu experiencia en una guía. Si decides emprender, recuerda que los caminos del emprendimiento no son fáciles, pero son los correctos cuando tu objetivo es generar riqueza. Seguir tus proyectos y metas te ayudará a abrir los ojos, permitiéndote dejar de ser un empleado y logrando que el dinero trabaje incansablemente para ti. Recuerda que tus acciones inclinan la balanza financiera hacia un lado o hacia otro. Esas decisiones son la base de tu futuro financiero; pueden ser el origen de tu riqueza y abundancia, o la fuente de tu pobreza. Elige sabiamente en qué extremo deseas estar.

Despierta al emprendedor millonario que llevas dentro. Generar dinero no es un asunto al azar; requiere una mentalidad financiera sólida y estrategias bien fundamentadas que te conduzcan por un camino sin retorno. Existe una línea que separa a los millonarios de las personas de clase media y baja, y no me refiero solo al dinero, sino a la mentalidad y las experiencias que marcan la diferencia. Una vez que cruzas esa línea, no importa si no tienes éxito inmediato en todos tus proyectos; esa mentalidad te mantendrá a flote y evitará que regreses a una vida llena de excusas, donde solo existen pretextos para no crecer física y mentalmente.

Si deseas lograr tus metas, deberás dar algo a cambio: disciplina, esfuerzo, compromiso y un cambio radical en tu mentalidad, así como en la forma en la que ejecutas tus acciones. A lo largo de este proceso, te iré explicando paso a paso los factores que te llevarán al éxito.

Métodos reales para emprender y aumentar tus posibilidades de éxito

Emprender es factible en cualquier ámbito personal o empresarial. Si has optado por estudiar en la universidad y no has tenido la fortuna de encontrar empleo, o los empleos que has conseguido no están a la altura de tus conocimientos y aptitudes, esta es tu oportunidad para independizarte de manera segura. El ejemplo que voy a exponerte a continuación es un caso real que puede ser aplicado y adaptado a una variedad de proyectos, independientemente de la carrera o profesión que tengas. Es rentable y escalable. En este caso, utilizaré el ejemplo común de hombres o mujeres que han dedicado años a estudiar psicología.

Estos graduados, si tienen suerte, podrían trabajar para una empresa importante o para el gobierno. Sin embargo, estadísticamente, algunos hombres y mujeres después de años de dedicación y esfuerzo no logran encontrar un empleo estable y deciden independizarse. El problema radica en que muchos de ellos no cuentan con la solvencia económica para costear el alquiler de una oficina y el salario de una secretaria. Por lo tanto, optan por establecer su consultorio en casa o en su departamento. Aunque esta parezca una buena idea inicialmente, es importante tener en cuenta que los posibles clientes son principalmente recomendaciones de amigos o publicaciones en redes sociales. Sin embargo, esta estrategia no es rentable y es un error importante, ya que las personas que no te conocen probablemente no tendrán confianza para acudir a tu hogar u oficina. Esto limita tus clientes y, por ende, tus ingresos.

Aquí es donde surge la oportunidad de negocio como estrategia individual o grupal. Si decides emprender de manera individual, considera alquilar o comprar una oficina amplia en un lugar estratégico, previo análisis de mercado. Asegúrate de que la oficina pueda ser dividida en espacios más pequeños para crear tu independencia y tu pequeña empresa. Puedes rentar las oficinas adicionales, pero primero debes establecer la oferta de servicios de atención psicológica, ya que la demanda existe de manera natural en todo el mundo debido a que la mayoría de las personas necesitan ayuda psicológica en algún momento de sus vidas.

Entonces, basándonos en lo anterior, la primera etapa es decidir entre rentar o comprar y dividir. La segunda etapa implica evaluar y planificar si cobrarás renta por los espacios u oficinas que has creado a otros colegas, o si les pagarás una cuota mensual por sus servicios de psicología. En el último caso, serás tú quien administre este centro de atención personalizada, donde tú cobras por los servicios de atención psicológica y pagas una proporción o porcentaje por cada consulta. Se trata de tener un lugar fijo acondicionado para este fin.

La diferencia entre una oficina excesivamente amplia y una adecuadamente acondicionada radica, en primer lugar, en el costo. Muchas personas caen en el error de creer que más grande es mejor, pero esto es solo vanidad. Lo importante es garantizar la privacidad visual y auditiva del paciente, ofreciendo un lugar cómodo y tranquilo con un escritorio y las herramientas necesarias para los psicólogos. La rentabilidad se encuentra en que los inquilinos de las oficinas tendrán un 30% menos de espacio, pero disfrutarán de un ahorro del 50% al 60% en la renta, incluyendo el pago de una secretaria que sea para todas las oficinas en lugar de una secretaria para cada una.

La mejor manera de comenzar es asociarse con tus colegas para compartir costos, gastos y ganancias, especialmente si no cuentas con el capital suficiente para empezar. Este tipo de emprendimiento tiene un enorme potencial escalable. Lo explicado anteriormente es solo una parte de este mundo, al cual cualquier persona, sea titulada o no, puede acceder con negocios rentables y escalables, ya que hay una infinidad de usos para espacios de oficinas.

El tercer paso es la difusión, mercadotecnia y logística web. Si buscas una gran demanda de servicios, es indispensable tener los siguientes elementos: una plataforma web con una página oficial donde especifiques los servicios proporcionados, así como una aplicación para tabletas o teléfonos móviles que incluya componentes adicionales. Esta aplicación interactiva permitirá a los pacientes programar citas, seleccionar el día y la hora de la semana, y elegir a su terapeuta psicológico, avalado por su cédula profesional y, si es posible, con su fotografía, lo cual representa un plus para tu empresa. Además, es crucial promocionar tu negocio en las redes sociales más destacadas, creando un perfil empresarial e incluyendo videos promocionales, tarifas y descuentos por apertura, así como descuentos recurrentes. Las ventajas de estas estrategias son:

- Reducción de gastos entre un 50% y un 60%.
- Consultas en un entorno adecuado en lugar de en tu casa o apartamento.
- Aumento de clientes en promedio un 180%.
- Posibilidad de escalabilidad hasta un 70% de acuerdo a tu país y región.

Es importante tener en cuenta que todo proyecto que pueda ser medible es posible. Es decir, cualquier proyecto empresarial o personal que se pueda evaluar con bases sólidas es alcanzable sin ser demasiado fantasioso. Es crucial mantener los pies en la realidad.

En el caso anterior, me enfoqué en una posibilidad de negocio para un grupo de psicólogos, pero este modelo puede aplicarse a diferentes grupos, como licenciados, contadores, diseñadores, doctores, etc. En el mundo empresarial, esto se conoce como arrendamiento inmobiliario, donde un empresario renta un piso completo de un edificio y lo divide en varias oficinas para rentarlas. Esta práctica es comúnmente conocida como subarrendamiento y puede generar un margen de ganancia de hasta un 50%.

Para ilustrar esto mejor, consideremos el siguiente ejemplo: si la renta del piso completo es de 4,000 dólares y logras dividir ese piso en 12 oficinas que luego alquilarías por 500 dólares cada una, más 50 dólares de gastos de mantenimiento, luz, agua y limpieza, la renta total de las oficinas sería de 6,600 dólares. De esos 6,600 dólares, se obtendría un margen de ganancia del 39% aproximadamente en este caso.

Es evidente que no es una tarea fácil; se requiere invertir dinero y recursos en la remodelación, logística, diseño, y hay un riesgo medible para lograr tener el 100% de las oficinas rentadas en el menor tiempo posible. La recuperación de la inversión generalmente se logra hasta el octavo mes, después del cual comienzan a generarse ganancias rentables. Además, la rentabilidad dependerá de la estrategia y el marketing implementado, así como de la rentabilidad de la zona y los precios de alquiler en cada lugar, considerando las diferencias entre países y ciudades.

Los empresarios astutos utilizan este modelo de negocios para generar extraordinarias ganancias con inversiones moderadas, planificadas y estudiadas meticulosamente.

MENTE MILLONARIA:
¡Si quieres resultados diferentes no hagas siempre lo mismo! – *Albert Einstein*

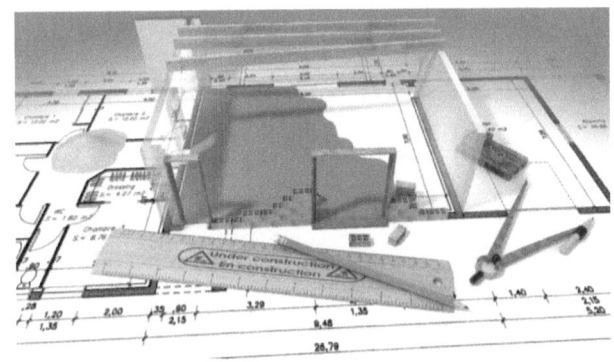

Dominar las estrategias para el emprendimiento exitoso

En muchas ocasiones, los emprendedores que recién comienzan desean obtener el éxito de inmediato. Sin embargo, la realidad no funciona así. Es necesario empezar con algo pequeño que genere ingresos suficientes para ahorrar y luego invertir en bienes o activos que puedan respaldar proyectos más grandes y escalables. Es decir, debemos avanzar paso a paso, de abajo hacia arriba. Es absurdo intentar empezar desde la cima. Los que logran el éxito de la noche a la mañana no son emprendedores, sino apostadores o inversionistas de alto riesgo. ¿Por qué? Porque apuestan a obtener ingresos enormes sin esfuerzo.

Este es el caso de aquellos que invierten en la bolsa o en acciones. Ingresar en ese tipo de inversiones conlleva riesgos; es como apostar al caballo favorito y perderlo todo en la última carrera. No estoy diciendo que no sea posible tener éxito de esta manera, claro que lo es. Sin embargo, si no estás preparado, puedes sufrir un golpe económico considerable.

Es cierto que muchas personas han tenido éxito en este tipo de inversiones, pero no debemos confundir las cosas. Estas personas son apostadores de inversión, no emprendedores. Si estás interesado en invertir, puedo mostrarte cómo lo hacen los grandes, desde inversiones seguras y moderadas hasta las más arriesgadas. Sin embargo, la decisión de invertir será tuya. Solo quiero destacar que el nivel de riesgo es alto.

Antes de emprender, es importante entender que no se abre un negocio solo porque no haya uno similar en la zona. El negocio debe ofrecer lo que la gente necesita. No es suficiente emprender solo por el deseo de hacer algo diferente. Tener pasión por lo que haces es un buen comienzo. Cambia tu mentalidad, piensa de manera diferente y harás las cosas de forma diferente. Los pensamientos negativos pueden llevar al fracaso, mientras que los pensamientos positivos promueven el éxito.

¿Cómo saber cuándo cambiar de mentalidad y la forma de actuar para emprender un nuevo proyecto?

Respuestas:

- Cuando sientes que has hecho todo correctamente pero no obtienes resultados.
- Cuando persistir en los mismos métodos conduce a la misma situación financiera precaria.
- Cuando te niegas a aceptar consejos externos y te aferras obstinadamente a tus propias ideas.

Este es el momento propicio para adoptar una mentalidad más abierta y receptiva. Es beneficioso solicitar opiniones externas y revisar tus métodos para descubrir nuevas formas de mejorar tanto en lo personal como en lo profesional. Atraer a personas que puedan ofrecerte orientación y proponer enfoques innovadores para tus actividades diarias es clave. La mentalidad ganadora se asemeja a la de los millonarios. En este libro, exploraremos diferentes tipos de emprendimientos y empresas, aun cuando creas que ya estás listo sigue instruyendo tu mente para alcanzar un nivel avanzado.

A lo largo de estas páginas, encontrarás ejemplos reales de diversos negocios y empresas. Sin embargo, no te limites solo a los ejemplos presentados, ya que los principios discutidos son aplicables a casi cualquier tipo de negocio que puedas imaginar.

La educación de los empresarios

Dejar de lado el pensamiento convencional y adoptar la mentalidad de los millonarios es crucial para convertirse en empresario. Para ello, es fundamental comprender sus estrategias y, sobre todo, su forma de pensar. Existe una brecha significativa entre tu manera de pensar y la de un empresario debido a tu enfoque tradicional. Cambiar tu forma de pensar te dirigirá hacia nuevos horizontes y te ayudará a superar el deseo de alcanzar el éxito de manera rápida y fácil. El pensamiento empresarial te transformará en una persona con una visión diferente tanto en tu entorno laboral como personal.

Por ejemplo, observando el caso de China, nos encontramos con que es el principal exportador mundial debido a sus estrategias no convencionales. Esto les permite vender una amplia gama de productos, desde mediocres hasta excelentes, en todo el mundo. Las empresas tecnológicas de renombre, por ejemplo, externalizan la fabricación de sus productos, y los chinos son líderes en este tipo de trabajos. La mano de obra china, que es la más económica del mundo, se adapta al precio pagado por la calidad del producto.

¿Cómo lo logran?

La mano de obra china es la más económica del mundo, lo que se refleja en la calidad de los productos según el precio pagado. Si optas por materiales de baja calidad, las empresas se ajustan a esos precios. Estas estrategias comerciales han consolidado a China como una potencia económica mundial. Su economía presenta un equilibrio entre la venta masiva de productos baratos, de buena calidad y excelente, así como productos de calidad inferior y piratas. Para aspirar a ser empresario, es fundamental comprender el esquema de trabajo, el modelo de negocios y los métodos empleados para alcanzar el éxito.

Si analizamos la distribución del capital en este país, observamos que una parte significativa se concentra en las fábricas que producen para empresas de renombre, tanto para el mercado interno como para el externo. Esto ha consolidado al país como un centro mundial para la fabricación de productos y una potencia comercial. Es esencial considerar estos fundamentos como pilares para el establecimiento de nuestra empresa.

¿Cómo funciona?

No hay un único método, sino varios. Ya sea para el mercado interno o externo, las empresas pueden actuar como intermediarias, mayoristas o revendedoras. En ocasiones, un mismo producto puede pasar por hasta tres revendedores. Para que este esquema sea rentable para la empresa fabricante, las compras deben ser de grandes cantidades, asegurando la rentabilidad y la subsistencia de la empresa. Entre la empresa fabricante y la revendedora existen dos modelos de negocio: el fabricante produce para una o varias empresas, mientras que el revendedor actúa como mayorista.

El método se basa en la economía de escala, donde la producción en gran volumen reduce los costos unitarios. Cuando una empresa compara los costos de producción en diferentes países y encuentra que China ofrece precios más bajos, es probable que elija las fábricas chinas.

¿Cómo puedes aprovechar estos métodos y modelos de negocios a tu favor?

Diferencias entre una mentalidad millonaria y una mentalidad ordinaria:

Tanto a nivel personal como empresarial, existen diferentes mentalidades que pueden llevar al éxito o al estancamiento. Algunos empresarios generan ganancias millonarias, mientras que otros apenas logran mantenerse a flote. Estas diferencias radican en los métodos y acciones impulsados por lo que llamamos mentalidad ordinaria. Para comprenderlo mejor, consideremos dos empresarios con proyectos similares y costos iguales, pero uno logra obtener mayores ganancias en menos tiempo.

En este ejemplo, consideramos la construcción de un hotel. Dos empresarios, representados por dos constructoras, emplean metodologías y estrategias económicas diferentes. Sin embargo, solo una de ellas alcanzará las mejores ganancias. Inicialmente, el cliente, es decir, el dueño del hotel, solicitará a las constructoras interesadas una licitación para establecer una competencia de productos y servicios. En este proceso, se evalúan los precios, costos iniciales y finales, así como los plazos de entrega del proyecto. Para determinar el costo del proyecto y el margen de ganancia esperado, se utilizan softwares o programas computacionales, o bien, los administrativos comerciales de las constructoras realizan este cálculo manualmente. Se consideran diversos factores físicos del lugar, como dimensiones, altura y tipos de materiales a utilizar. Además, se tienen en cuenta los costos de los materiales, los ingenieros de la obra y los líderes de proyecto. Se calcula la fuerza laboral necesaria y se emplean métodos matemáticos para estimar el costo por metro cuadrado y el tiempo de construcción diario por metro cuadrado.

Una vez establecidos los cimientos, las constructoras utilizan métodos tradicionales y subcontratan a otras empresas para realizar el trabajo auxiliar. En el proceso de compra de materiales de construcción, se solicitan cotizaciones a un mínimo de tres proveedores, quienes compiten por ofrecer los mejores productos al mejor precio. Por lo general, la constructora elige al proveedor con el costo más bajo. Hasta este punto, todas las constructoras operan de manera similar. Ahora, analicemos las diferencias que determinan las verdaderas ganancias de una constructora que emplea métodos no tradicionales.

Tomemos como ejemplo el costo de construcción de un hotel de 30 pisos:

Constructora A:

Según estos datos, aproximadamente el 35% de los ingresos totales del proyecto corresponde a la ganancia de la constructora. Alrededor del 45% se destina al costo directo, que incluye maquinaria, materia prima, consumibles, mano de obra y otros gastos relacionados con la construcción. El 14% como máximo se asigna al costo del terreno, y el 6% restante se destina a gastos de publicidad y ventas, entre otros. Los plazos de construcción varían según diferentes factores, pero en promedio oscilan entre 9 meses y un año. Los pagos del cliente se realizan de manera progresiva a medida que avanza el proyecto, y la constructora se compromete a cumplir con los plazos establecidos en el contrato. En caso de retraso, la constructora puede ser penalizada económicamente. A menudo, esto conlleva a que los empleados trabajen bajo presión, especialmente si se enfrentan a condiciones climáticas adversas que puedan afectar la velocidad de los trabajos, como las lluvias. En estos casos, la empresa puede verse obligada a realizar horas extras para recuperar el tiempo perdido si su estrategia no es eficiente.

Constructora B

Sin embargo, la constructora B adopta estrategias y métodos diferentes, enfocados en el trabajo en equipo y la implementación de sistemas de organización. Para optimizar los recursos, establece dos horarios de trabajo en lugar de uno, con obreros asignados a turnos matutinos y vespertinos. Cada turno cuenta con un responsable o líder, así como un intermediario entre ambos para garantizar la uniformidad en el trabajo. Esto va más allá de la supervisión tradicional, ya que permite que múltiples grupos trabajen de manera coordinada sin obstaculizarse mutuamente, empleando técnicas de construcción utilizadas en países como China y Japón para evitar retrasos.

La planificación siempre resulta más económica que la ejecución. Por ejemplo, invertir un mes en la planificación puede reducir significativamente el tiempo de ejecución del proyecto, evitando costos financieros adicionales y posibles insatisfacciones por parte del cliente.

Existen diferentes tipos de estrategias y métodos para la construcción, entre ellos:

- Construcción en espiral
- Cadenas de montaje

Ahora, veamos las diferencias entre las dos empresas constructoras:

En la constructora A, un empleado gana un promedio de 6,000 pesos mensuales. La mayoría de los países establecen un límite de 15 horas extra por semana. Considerando esta restricción, si el empleado trabaja 3 horas extra diarias durante 5 días, más un día de descanso remunerado, el cálculo promedio mensual sería de 15 horas extra por semana. Esto equivale a 8 horas dobles y 7 horas triples, además del día de descanso remunerado. En total, el empleado trabajaría aproximadamente 300 horas al mes, incluyendo las horas normales y las extras. Sin embargo, el costo de las horas extras y el día de descanso remunerado es equivalente al de contratar a otro empleado. En contraste, la constructora B emplea el método de contratar a dos empleados en lugar de uno solo que trabaje horas extras.

Tomando como referencia el costo de la constructora A, donde un empleado trabaja un promedio de 300 horas al mes, el costo para la empresa es de 12,300 pesos. Con un gasto similar, la constructora B puede contratar a dos empleados, lo que resulta en un promedio de 405 horas laborales al mes y un costo de 12,000 pesos. Esta estrategia representa un ahorro de tiempo en la conclusión del proyecto del 35%, aproximadamente 2 meses antes. Además, ofrece más de 105 horas adicionales de trabajo, lo que se traduce en ahorros significativos en los costos laborales.

¿Qué sucede con el seguro del empleado adicional? Al contratar a otro empleado, el costo del seguro aumenta por persona contratada. Sin embargo, una empresa puede deducir impuestos para absorber estos costos. Además, al finalizar el proyecto antes, se reducen y ajustan los costos de todos los empleados. Lamentablemente, pocas empresas emplean esta metodología. Desafortunadamente, los países latinoamericanos están lejos de alcanzar estos objetivos. Esto no se debe a la falta de recursos financieros, sino a la falta de una cultura y enfoque millonario. La realidad es que muchas empresas no saben trabajar en equipo, se sabotean mutuamente y esperan que otras fallen.

CAPÍTULO 2

INTERPRETA EL NIVEL DE RIESGO ECONÓMICO EMPRESARIAL Y CLIENTES PERMANENTES

Tener clientes recurrentes o permanentes marca la diferencia entre mantenerse, alcanzar el éxito millonario o fracasar, ya sea que dirijas un pequeño comercio o una gran empresa. Siempre es crucial conservar a tus clientes. Lo ideal es aumentar tus posibilidades de éxito con varios proyectos, pero si tus recursos son limitados, comienza con lo que tengas y elabora un buen plan de negocios basado en estudios de mercado sobre el producto o servicio que vayas a iniciar. Para llevar a cabo esta acción, ten en cuenta las oportunidades que ofrece internet. En ocasiones, dependiendo de tu proyecto, no necesitarás renunciar a tu empleo para emprender. Puedes gestionar negocios en línea como ventas, compras e inversiones, entre otros, mientras fortaleces tu negocio principal.

A continuación, expondré proyectos y negocios para pequeños y grandes emprendedores, así como también cómo llevar a cabo un estudio de mercado de calidad. Te mostraré la diferencia entre un cliente que realiza una sola compra y uno recurrente. Recuerda que tener clientes es fundamental, pero si solo cuentas con clientes que compran una vez y pasa mucho tiempo antes de que vuelvan a hacerlo, estos son conocidos como clientes de una sola compra.

Análisis de gastos iniciales: Normalmente, un negocio físico en una ubicación determinada necesita entre 4 y 7 meses para adquirir clientes recurrentes. No temas tomar malas decisiones, todos tenemos malas decisiones sin importar el tipo de negocio o empresa. Lo crucial es minimizar los errores que puedan traducirse en pérdidas y aprender de las equivocaciones cometidas. El miedo al fracaso, sin duda, te llevará a cometer más errores. Emprender con decisión y valentía te dará la oportunidad de alcanzar tus metas. Lo que inclina la balanza entre el fracaso y el éxito son las decisiones. Experimenta, aprende e instruye tu mente para tomar buenas decisiones.

¿Qué hacer después de tener clientes recurrentes? Hay varias opciones para continuar emprendiendo y potenciar tu negocio. Analiza cuál puede ser tu mejor opción. Una de ellas es conseguir maquiladores para tus productos, con tus diseños originales y tu marca. Cuando tengas clientes recurrentes, podrás avanzar con tu maquinaria e inventario, reduciendo así costos operativos, administrativos, de producción y distribución. Obtén un producto de excelente calidad a un buen precio y con una publicidad sobresaliente, además de ser lo más original posible, marcando así una diferencia comercial con otras empresas o marcas.

Ventas exprés ¿Qué es este concepto?

Las ventas exprés se refieren a la rápida comercialización de productos por parte de una persona o empresa, incluso cuando no son los fabricantes. En este proceso, se obtienen considerables ganancias por servicios o reventas con una inversión mínima o casi nula de capital. Este tipo de negocio es ampliamente practicado, y requiere de una mente financiera astuta para llevarlo a cabo con éxito. Aquí, la estrategia juega un papel más importante que el capital, y los socios o clientes son más valiosos que las cuentas bancarias. No se necesitan empleados de manera constante; en ocasiones, se contrata personal solo para cumplir una tarea específica. Personalmente, he llevado a cabo este tipo de ventas en numerosas ocasiones, especialmente al vender equipos de cómputo de segunda mano.

Existen innumerables formas de aplicar este concepto de ventas exprés. Para ilustrarlo mejor, proporcionaré otro ejemplo común: la venta de muebles, ya sea de madera u otro material. Algunas personas venden sus muebles en locales comerciales o plazas, que tienen un valor comercial al ser fabricados. Estos intermediarios se dedican a sondear las necesidades de los locales de muebles y, en muchas ocasiones, negocian ventas sin tener el producto físicamente en sus manos. Para llevarlo a cabo, primero se determina el precio del fabricante, luego se le agrega un porcentaje y se ofrece al cliente, que puede ser un local comercial, una tienda departamental o una mueblería. Lo que caracteriza a este tipo de ventas exprés es la ausencia de necesidad de almacenar productos; estos pasan de una mano a otra generando ganancias instantáneas, muchas veces sin requerir un esfuerzo significativo. La habilidad de estos vendedores radica en su estrategia de ventas, que es principalmente verbal y visualmente atractiva mediante folletos con imágenes. Los vendedores exprés de un nivel superior pueden comercializar muebles u otros productos para la industria hotelera, restaurantera, entre otras. Para que una venta sea considerada exprés, debe completarse el mismo día entre el fabricante y el revendedor.

¡Una mente vulnerable es un festín para los lobos de los negocios!

¿Qué es y cómo funciona el nivel de riesgo? El nivel de riesgo económico o de pérdidas para cada empresa es único y puede ser medido con precisión en un rango del 60% al 90%. Para ilustrar esto, consideremos un ejemplo concreto: una empresa de seguros automotrices. Para que esta empresa sea rentable y se mantenga en el mercado, es esencial contar con varios factores clave, entre ellos, un capital adecuado para cubrir los gastos relacionados con sus empleados y los vehículos asegurados.

Imaginemos que esta empresa tiene en su cartera de clientes 5,000 autos asegurados. Al asegurar un auto, se tiene en cuenta su modelo y marca para determinar el valor total que la aseguradora pagaría en caso de pérdida total. Para simplificar, asignemos un costo uniforme de $10,000 a cada uno de los 5,000 autos, con un costo de seguro anual de entre $200 y $300. Además de esto, las aseguradoras consideran otros factores como las probabilidades estadísticas de accidentes con pérdidas parciales o totales, así como los deducibles que es una cantidad de dinero que la aseguradora no pagará y que el asegurado debe pagar de su propio bolsillo en caso de siniestro.

Supongamos que, de los 5,000 autos asegurados, solo 120 sufren un accidente vial con pérdida total. En este escenario, la aseguradora enfrentaría la posibilidad de sobrepasar su capital total de autos asegurado, sin duda alguna se iría a la quiebra, además hay que tomar en cuenta los gastos administrativos de la empresa. Entonces, ¿cómo logran estas empresas mantenerse a flote? Esto se debe a que analizan cuidadosamente su riesgo de pérdidas y ganancias de capital mediante probabilidades y estadísticas específicas de cada ciudad y región. Además, las aseguradoras invierten el capital de las pólizas de los asegurados en el mercado de valores para incrementar sus ganancias. En resumen, buscan pagar lo menos posible en reclamos de seguros por accidentes viales, aprovechando los deducibles y otras circunstancias como la exclusión de cobertura debido a que la mayoría de accidentes con pérdidas totales son por conductores en estado de ebriedad, permitiéndole a la empresa aseguradora no sobrepasar el margen en el pago de seguros.

Volviendo al ejemplo de los 5,000 autos, entre 60 y 70 de choques de automóviles con pérdida total representan aproximadamente un 1.2% de los vehículos asegurados, mientras que alrededor de 600 vehículos pueden sufrir choques menores con costos iguales o inferiores a $300 dólares, que es el equivalente al 12% de los vehículos asegurados. Con lo que después de restar los gastos operativos, administrativos, de personal, gastos fijos e impuestos, se estima que el margen de ganancias anual de las aseguradoras ronda entre el 25% y el 30%.

En una escala real, las aseguradoras pueden manejar millones de automóviles asegurados, y sus márgenes de utilidad pueden variar según su estrategia y la cantidad de usuarios que tengan. Sin embargo, siempre deben considerar el nivel de riesgo de su inversión. Para evaluar este riesgo, se deben tener en cuenta diferentes factores internos y externos, y determinar si es aceptable o inaceptable para la empresa. En última instancia, sin un análisis exhaustivo del riesgo, sería extremadamente difícil para una empresa aseguradora sobrevivir.

Por tanto, antes de establecer tu compañía, empresa o negocio, es fundamental realizar un análisis exhaustivo del nivel de riesgo económico para minimizar pérdidas y maximizar las ganancias.

Realizar un análisis de pérdidas y ganancias es esencial para cualquier empresa o negocio. Para llevar a cabo este análisis, necesitas realizar mediciones basadas en proyecciones y estudios del entorno físico y virtual de tu empresa o negocio. El nivel de riesgo varía para cada empresa; en él se evalúa el costo de inversión inicial a corto plazo, las ganancias estimadas por semanas o meses, el tipo de sector al que está enfocado y la cantidad de personal necesaria para administrarlo, así como la competencia directa o indirecta que enfrentarás. Además, en este estudio se contempla el porcentaje estimado de ventas para los próximos meses.

Aunque puede resultar complicado hacer un pronóstico de ventas al iniciar un negocio, las empresas o comercios ya establecidos pueden calcular las ventas proyectadas con base en estadísticas previas. En el caso de un negocio nuevo, el estudio de riesgo comercial en ventas puede ser difícil de realizar de manera matemática, pero es posible hacerlo de manera analógica.

A continuación, presentaré un ejemplo para ilustrar cómo efectuar este nivel de riesgo y los pasos a seguir, tomando como referencia la creación de una tienda de ropa para dama y caballero:

¿Cómo efectuar el nivel de riesgo?
¿Qué pasos hay que seguir?

Paso 1: Establecer los Gastos Iniciales

Para este ejemplo, consideremos que los gastos iniciales para la tienda son de 5,000 dólares. De este monto, 1,000 dólares se destinarán para el stock del inventario y 3,500 dólares para gastos como el pago de empleados, alquiler del local, publicidad y otros gastos durante los primeros meses.

Paso 2: Evaluar la Ubicación

La tienda se encuentra ubicada en una avenida principal a 300 metros de un centro comercial en la Ciudad de México, con un tráfico vehicular constante en ambas direcciones. Es importante tener en cuenta que mientras más cerca esté el comercio de una plaza o centro comercial, el costo del alquiler del local aumentará considerablemente, llegando incluso a un incremento del 400%. El nivel de riesgo en esta ubicación es considerado mediano, pero la inversión inicial es considerablemente mayor.

Paso 3: Analizar las Probabilidades de Rentabilidad

Antes de emprender cualquier negocio en un lugar comercial, es fundamental evaluar el nivel de riesgo económico al que te enfrentarás. Además, debes analizar las probabilidades de que tu inversión sea rentable a largo plazo y genere ganancias sostenibles

¿Cuál es realmente el proyecto ideal?

El proyecto ideal va más allá de una simple sugerencia; debe ser una pasión a la que dediques tu esfuerzo y dedicación. Es aquel con el que sueñas día a día. Para identificarlo, es fundamental analizar tus fortalezas, talentos y creatividad. De esta forma, podrás crear algo innovador y único, algo que nadie más tenga.

A menudo, los emprendedores encuentran su proyecto ideal en lo que les rodea, en aquello con lo que conviven a diario. Por ejemplo, una mujer que trabaja en una fábrica textil, con años de experiencia en el sector, podría optar por abrir su propia fábrica o crear sus propios diseños de moda. Del mismo modo, alguien que trabaja en una pastelería podría decidir abrir su propia pastelería. Estas experiencias son únicas para cada individuo. Algunas personas han tenido diversos trabajos a lo largo de su vida laboral, y en alguno de ellos encuentran la oportunidad de alcanzar independencia financiera y realizar su propio negocio. Curiosamente, las estadísticas muestran que solo el 20% de los emprendedores realizan un proyecto de negocios similar al que trabajaron como empleados.

Sin embargo, emprender siempre conlleva riesgos. Por ello, es crucial analizar el riesgo económico de pérdidas o ganancias y buscar minimizarlo. Si es posible, es recomendable no invertir todo el capital en un solo proyecto y no poner todos los huevos en una sola canasta.

Negocios y empresas más rentables y sustentables

Invertir inteligentemente significa apostar por aquello que genera ganancias. Como mencioné anteriormente, cada individuo percibe las oportunidades de negocio de manera diferente. Para ilustrarlo, consideremos a un empresario del sector de la construcción y a un grupo de emprendedores, quienes tienen visiones distintas respecto a una misma zona comercial.

Empecemos con el empresario de la construcción. Imaginemos un terreno en venta o alquiler en la ciudad, lo suficientemente grande para albergar viviendas, departamentos, un hotel o locales comerciales. Antes de tomar cualquier decisión, es crucial analizar varios aspectos sobre el lugar de construcción, como el estudio de suelo, los permisos necesarios, la densidad y edificabilidad, así como el costo de construcción de cada opción y otras características del entorno. Basándose en estos datos, se tomará una decisión. Por ejemplo, si el empresario decide construir un hotel pero el lugar no es propicio para ello debido a la falta de turismo, la ausencia de centros comerciales cercanos o problemas de seguridad, lo más sensato sería explorar otras alternativas.

Considerando las dimensiones del terreno y la no viabilidad para hacer un hotel o locales comerciales, se decide construir departamentos. Un empresario hábil sabe que no es prudente apostar todo el capital en un solo proyecto, por lo que opta por buscar socios estratégicos y capitalistas. Del total de la inversión, el 50% es aportado por los socios mayoritarios, mientras que el otro 50% se divide en pequeñas fracciones disponibles para inversionistas individuales. Una vez acordadas las formas y métodos de inversión, el retorno de inversión será en 18 meses para cada persona con un 60% de rendimiento en un plazo de un año y medio. Es importante destacar que estos inversionistas individuales no serán socios permanentes; su participación durará únicamente mientras se vendan los departamentos y se complete el proyecto.

El terreno tiene una superficie de 590 m2 y tiene un costo de venta aproximado de 850,000 pesos (equivalente a 40,000 dólares). Se planea la construcción de un edificio que albergará 16 departamentos, cada uno con una superficie de 70.00 m2. El costo total de construcción del edificio se estima en 4,480,000 pesos, este monto es calculado multiplicando el área de construcción de los 16 departamentos (1,120 m2) por el costo por metro cuadrado de construcción (4,000 pesos/m2). Sumando este costo de construcción al del terreno (850,000 pesos), la inversión total para los 16 departamentos se estima en 5, 330,000 pesos.

El precio de venta por departamento se calcula multiplicando el número de departamentos (16) por el precio unitario de venta (680,000 pesos), lo que equivale a un total de 10,880,000 pesos. De esta inversión total de 5,330,000 pesos, el 50% es financiado por el empresario y sus socios, mientras que el otro 50%, aproximadamente 2,665,000 pesos (equivalentes a 134,000 dólares), se divide en 500 partes de 5,400 pesos por persona con un retorno a mediano plazo. Al finalizar el plazo de 1.5 o 2 años, el o los inversionistas de las 500 partes o acciones recibirán el total del dinero que pusieron más un 40% extra que es la ganancia de su inversión.

¡Cambia tu mentalidad y los cambios en tu entorno serán continuos y duraderos!

Es crucial tener en cuenta que el precio de los departamentos está estrechamente ligado al costo de adquisición de los terrenos. Los terrenos aumentan su valor cada año, lo que repercute en un aumento en el costo de los departamentos. Además, el precio también depende de la plusvalía de la ubicación del terreno. Por eso, para las constructoras es cada vez más difícil edificar y ofrecer precios accesibles para la gente.

En el caso #2, el terreno de 590 m2 tiene un costo de renta mensual de 22,400 pesos mexicanos (1,120 dólares). El grupo de 8 emprendedores tiene una visión más sencilla y diferente para este mismo terreno. Debido a que sus recursos monetarios son más limitados, consideran una oportunidad de negocio distinta. En lugar de construir departamentos, deciden habilitar un estacionamiento para autos. Con estas dimensiones, pueden albergar entre 34 y 36 autos simultáneamente.

En este caso, no comprarán el terreno, sino que lo rentarán. Para acondicionarlo, necesitan pagar un mes por adelantado y dejar otro mes de depósito, además de cubrir los gastos para poner techo de lámina o plástico. Los gastos primarios aproximados son de 185,000 pesos (8,450 dólares), más el mes de depósito y el mes adelantado, lo que suma un total de 229,800 pesos. Además, deben tener un ahorro para cubrir tres meses de renta. Entre los 8 emprendedores, la inversión por cada uno será de 28,725 pesos para el proyecto.

El estacionamiento tendría un costo de 15 pesos por hora, con un servicio de 13 horas diarias los 7 días de la semana. Aunque es un negocio muy rentable, hay varios factores a considerar, como el tráfico de vehículos. Las ganancias brutas aproximadas serían de 168,480 pesos.

Restando los gastos, como la renta del terreno y los salarios de los empleados, las ganancias mensuales se estiman en 114,080 pesos. Aunque pueda parecer poco al principio, estas ganancias son mensuales y proporcionan un ingreso adicional que permitirá ahorrar y tener nuevos proyectos a corto plazo.

168,480 –
22,400   Renta del Terreno
32,000   Empleados y Otros Gastos

114, 080 Ganancias Aproximadas

La analogía que se desprende de esto es que los empresarios tienen visiones de negocios diferentes. En el primer ejemplo, las ganancias de la constructora son mayores debido a las inversiones extremadamente fuertes que realizan. Su objetivo es recuperar la inversión en un plazo de 2 años y obtener ganancias. Por otro lado, los inversionistas temporales de la constructora solo recibirán un pago quizás al 40% o más de su inversión, pero luego tendrán que buscar otro proyecto para invertir, lo que limita sus ganancias.

En el ejemplo 2, los emprendedores logran recuperar la inversión en 3 a 6 meses y, además, son socios que recibirán ganancias mensuales de por vida. Imagina ahora si realizaras este proyecto solo con tus propios recursos; podrías obtener ingresos de 114,080 pesos mensuales.

La mente es una herramienta poderosa cuando se trata de lograr objetivos, ¡eso es lo que precisamente puedes alcanzar si te lo propones!

No te enfoques únicamente en el dinero, piensa en negocios. Tus metas deben ser rentables y sustentables, y el dinero vendrá por añadidura. Una de las mejores formas de invertir recursos económicos en propiedades es tener como objetivo la recuperación y ganancia a corto y mediano plazo.

Cuando tienes un capital reducido o muy bajo evita caer en la idea tradicional de comprar bienes inmuebles, como casas o terrenos, con la intención de construir o remodelar para sacar el máximo provecho de la inversión. Estas actividades conllevan costos demasiado elevados y pueden resultar problemáticas para personas con ingresos bajos si no se gestionan correctamente.

Al iniciar tus primeros proyectos, te aconsejo que momentáneamente te alejes de ese enfoque empresarial. Si deseas aprovechar al máximo tus recursos económicos, puedo explicarte detalladamente cómo ahorrar hasta un 80% en tu inversión, generando ingresos pasivos de forma inmediata y automática durante toda tu vida. No requieres esfuerzo directo, pero sí una planificación estratégica para adquirir estos ingresos. En este libro, encontrarás varios ejemplos escalables que te ayudarán en este proceso.

Antes de iniciar cualquier proyecto, ya sea a nivel personal, educativo o empresarial, es fundamental establecer bases sólidas para su desarrollo. En este caso, nos enfocamos en el proyecto personal de un empresario cuyas bases se centran en la construcción, modificación o restauración. Desde esta perspectiva, el empresario debe ser capaz de identificar oportunidades de negocios, ya que en el ámbito de los bienes inmobiliarios, la inversión en la compra de una propiedad no es equiparable a la inversión en su alquiler y acondicionamiento. Al optar por el alquiler, se ahorra una suma considerable que puede destinarse a otros emprendimientos. Por lo tanto, la diversificación de la inversión en varios proyectos en lugar de uno es clave.

El problema con las inversiones desmedidas y sin una planificación económica adecuada es que con frecuencia resultan en proyectos inconclusos. En muchas ocasiones, las obras quedan abandonadas debido a la falta de liquidez para pagar a los trabajadores y arquitectos. Una de las razones principales es la falta de previsión de imprevistos. Por ejemplo, si una obra se retrasa, los costos de materiales de construcción aumentan anualmente debido a la oferta, la demanda y el aumento en los costos de la materia prima. Si el empresario no previó estos contratiempos, podría quedarse sin fondos para completar la obra, lo que resultaría en una empresa no rentable.

A lo largo de mi experiencia, he observado cómo algunos empresarios dejan proyectos inconclusos por no administrar adecuadamente los costos y anticiparse a los imprevistos. Para evitar situaciones similares, proporcionaré herramientas y consejos útiles aplicables a tus negocios.

Cuando se trata de moldear o construir en un terreno comercial, el primer paso no es la planificación o estimación de costos, sino la observación y el análisis del lugar. Es crucial examinar las condiciones físicas y económicas de la región para evaluar su viabilidad. Debes realizar un análisis de mercado para comprender la oferta y la demanda del negocio que planeas establecer en ese terreno, lo que se conoce como enfoque empresarial. Es importante diferenciar este enfoque del enfoque personal, que se refiere a la visión del terreno según las necesidades o ambiciones individuales. Mientras que una persona sin mentalidad empresarial podría ver el terreno como un lugar para construir un hogar o una zona de recreo, un empresario potencial visualizaría oportunidades de negocio y rentabilidad a largo plazo. Si aspiras a ser empresario, debes enfocarte en la rentabilidad futura y evaluar cada terreno como una oportunidad para generar ingresos.

A lo largo de mi recorrido por diferentes ciudades, he tenido la oportunidad de asistir a empresarios exitosos en la identificación de oportunidades. Por ejemplo, un empresario dedicado a la construcción puede vislumbrar la posibilidad de convertir un terreno en un complejo multifamiliar con varios departamentos. Los proyectos inmobiliarios se fundamentan en el análisis costo-beneficio y la gran mayoría requiere la participación de socios para financiar todo el proyecto.

Aquí te dejo algunos consejos:

1. **Terreno para estacionamiento**

Antes de embarcarte en cualquier negocio, es crucial analizar si es adecuado para la zona y si generará las ganancias esperadas. Por ejemplo, si planeas abrir un estacionamiento pero hay más tráfico peatonal que vehicular, y no existen plazas comerciales ni locales cerca, puede que no sea la mejor idea. Un estacionamiento satisface una necesidad específica: proporcionar espacio a conductores durante períodos determinados, como eventos deportivos o de entretenimiento, o cerca de áreas comerciales. Del mismo modo, establecer un auto-lavado en un contexto similar podría no ser rentable. Es común cometer el error de centrarse en las necesidades empresariales individuales sin considerar las necesidades de la zona y sus habitantes. Es esencial alinear las iniciativas empresariales con las demandas locales para garantizar el éxito

A continuación, te presento ejemplos que ilustran cómo puedes desarrollar proyectos con inversiones mínimas, representando tan solo el 10% del costo de un proyecto grande, pero con ganancias equiparables. Estos ejemplos consideran un ahorro del 90% en planificación, logística, desarrollo y materiales de construcción. Asimismo, te sugiero explorar negocios y construcciones donde solo necesites invertir hasta un 30% del costo de un proyecto grande para obtener las mismas ganancias. Es importante comprender que una alta inversión no garantiza necesariamente ganancias enormes. De hecho, es crucial reconocer que pequeños negocios pueden generar ganancias iguales o superiores a las de un proyecto grande.

2. **Locales comerciales**

En cuanto a los locales comerciales, en el sector de la construcción y remodelación se emplean diversas estrategias por parte de los empresarios. Entre ellas, destacan las inversiones inmobiliarias a mediano y largo plazo, que generan ingresos pasivos. Por ejemplo, construir una casa con una inversión de $50,000 dólares y venderla por $90,000 dólares puede resultar en una utilidad aproximada de $40,000, excluyendo los impuestos. Sin embargo, la acumulación estratégica de varios locales comerciales la suma de todos puede generar utilidades aún mayores y sostenibles de por vida. En las siguientes líneas, detallaré cómo puedes llevar a cabo esta estrategia.

En un terreno no muy extenso de 14 x 7 metros cuadrados, es posible construir hasta 11 locales comerciales. Este modelo es comúnmente utilizado en México, así como en muchos países latinoamericanos e incluso en algunas naciones europeas. La construcción de los locales se realiza de forma ascendente, comenzando con 5 locales en la planta baja, ubicados en el frente de la calle principal, seguidos por otros 5 locales construidos sobre estos en el primer piso. Finalmente, se reserva un local más grande para el segundo piso, lo que permite aprovechar de manera eficiente todo el terreno disponible.

Imagina que cada local representa un trabajador que genera una utilidad mensual de entre 250 y 350 dólares, que es el precio promedio de alquiler de un local en México, equivalente a alrededor de 5000 a 6500 pesos mexicanos. Curiosamente, este rango de precios coincide con el salario promedio de un obrero. Por lo tanto, al tener 11 locales en total, obtendrías ingresos equivalentes al salario de 10 trabajadores, más un ingreso adicional por el local más grande en la parte superior del edificio, cuyo alquiler podría rondar los 450 dólares mensuales. En suma, los ingresos mensuales promedio de los 11 locales serían de aproximadamente 3,450 dólares, antes de deducir los impuestos correspondientes a la zona donde se ubica el edificio. Esto equivale a un estimado de 69,000 pesos mensuales. Es evidente que, en tan solo un año, estos ingresos igualarían o superarían las ganancias obtenidas por la venta de una casa habitación construida o remodelada.

Además, es importante destacar que las ganancias de los locales comerciales son permanentes o de por vida, conocidas también como ingresos pasivos. Este capital representa hasta 8 veces más de lo que recibe un pensionado, con la ventaja de que no es necesario esperar hasta cumplir los 65 años. Además de obtener beneficios económicos superiores, el costo de construcción de estos locales es considerablemente menor que el de una casa habitación, reduciendo hasta en un 55% el costo total de la construcción.

Entre las alternativas para aprovechar este terreno con fines lucrativos se encuentran la posibilidad de establecer restaurantes, bares, fondas, lavanderías, entre otros. También puedes encargarte de la construcción y adecuación del lugar, incluyendo la instalación de servicios básicos como luz y agua, así como la adquisición de mobiliario. Otra opción es alquilar el terreno y permitir que un empresario construya y adapte el espacio según sus necesidades. Si no dispones de recursos monetarios suficientes, una opción es acondicionar el terreno en su fase primaria, con solo la pavimentación, y anunciar su disponibilidad mediante letreros físicos o en redes sociales con la frase "SE RENTA". De esta manera, tu inversión en construcción será considerablemente menor, representando solo el 8 al 10% en comparación con un local comercial terminado en su totalidad.

En cuanto a los negocios específicos:

1. **Locales de autolavado (car wash)**

Estos negocios atienden una demanda creciente y requieren menos recursos monetarios en comparación con otros tipos de edificaciones comerciales, oficinas corporativas, bares, restaurantes etc. Ofrecen una rentabilidad y estabilidad superiores a muchos otros negocios, con costos de mantenimiento bajos y la posibilidad de iniciar con un pequeño equipo de trabajo.

2. **Oficinas corporativas**

Desarrollar oficinas corporativas es altamente rentable, ya que la renta de estos espacios para fines corporativos puede ser hasta tres veces mayor que la de una casa habitación de dimensiones similares. Se pueden adaptar casas existentes o construir edificios específicamente para este fin, con o sin mobiliario, dependiendo de las condiciones de la renta o los requerimientos del arrendatario. Adquirir un terreno con fines comerciales ofrece el beneficio del retorno de la inversión a corto y mediano plazo, ya que la propiedad aumenta su plusvalía al encontrarse en una zona comercial.

Es importante visualizar el terreno y evaluar detenidamente la rentabilidad potencial de la zona antes de planificar cualquier proyecto. Presta atención a qué tipo de negocio sería más rentable en ese contexto. Si tus recursos de inversión son limitados, considera iniciar con negocios que brinden servicios o alquilen espacios. Por ejemplo, construir un estacionamiento en un terreno con condiciones óptimas en una zona de alta demanda puede ser una opción rentable para cubrir las necesidades de los conductores que buscan estacionamiento por un tiempo corto.

¿Por qué optar por un estacionamiento en lugar de oficinas u otro tipo de negocio?

El punto principal es que cualquier negocio puede resultar rentable, y la elección dependerá de tu situación financiera sin incurrir en deudas insostenibles. Construir un estacionamiento resulta hasta un 70 % más económico que edificar oficinas. Cuando no estás completamente preparado para este tipo de proyectos, lo mejor es comenzar con uno o varios de menor escala, avanzar gradualmente hacia proyectos más grandes y expandirse según los resultados obtenidos. Es crucial construir una base sólida antes de aspirar a la cima de la pirámide. Recuerda:

1. Visualizar

2. Planear
3. Comprar
4. Desarrollar
5. Vender

El desafío más importante no radica en la inversión monetaria o los recursos materiales, sino en la conjunción de factores necesarios para garantizar el éxito del proyecto. Los aspectos más relevantes incluyen:

Visualización y análisis del potencial económico derivado de los ingresos por alquiler de espacios (oficinas, habitaciones, estacionamientos, terrenos para franquicias, restaurantes, etc.).

Antes de invertir, es imprescindible calcular el porcentaje estimado de ganancias, analizar la rentabilidad y el retorno de la inversión. Por ejemplo, si la inversión inicial es de $20,000 dólares, lo ideal sería recuperarla en el primer año, aunque esto dependerá del progreso del proyecto.

Con el transcurso del tiempo, es fundamental evaluar y restar de la ganancia bruta los gastos fijos. En caso de tener un préstamo bancario u otro tipo de endeudamiento, se recomienda priorizar su pago lo antes posible, incluso abonando cantidades superiores a las establecidas en el contrato. Personalmente, desaconsejo la dependencia de préstamos o endeudamientos financieros. Es crucial evaluar si realmente se necesita un préstamo. Por estas razones, es importante contar con otras fuentes de ingresos y no depender únicamente de un negocio. Luego de varios meses, es posible determinar si se ha alcanzado el retorno de la inversión, momento a partir del cual las ganancias se vuelven netas.

Es crucial preparar las condiciones adecuadas en el terreno para su renta y lanzar el anzuelo con éxito. El terreno debe estar adaptado para fines comerciales, ya sea de tu elección o los requerimientos de una franquicia. Debe ser estratégicamente atractivo, ofreciendo a cualquier persona la posibilidad de negocio.

Por ejemplo, si los locales están ubicados cerca de una escuela, su potencial de alquiler a precios competitivos aumenta considerablemente. Esto se debe a las lógicas necesidades comerciales que pueden satisfacerse en ese entorno, como papelerías, venta de uniformes escolares, jugueterías, cibercafés o servicios de alquiler de computadoras, calzado, uniformes deportivos, cafeterías, fondas, reposterías, restaurantes, entre otros.

Recuerda, tu objetivo no debe ser simplemente acumular riqueza, sino construir los cimientos que te permitan generarla. Un proyecto bien concebido te conducirá a un plan de acción concreto. Recuerda que la pobreza mental te mantiene en la pobreza física. Para cambiar tu estilo de vida, es esencial cambiar tu forma de pensar. Los límites de tu riqueza están directamente relacionados con los límites de tu pensamiento, no se elige ser pobre al nacer pero sí puedes cambiar tu mentalidad, en consecuencia cambiaras tu realidad.

Debes dirigir y canalizar el flujo del dinero de manera efectiva para alcanzar la estabilidad financiera, un objetivo disfrutado por los millonarios. Aspira a transformarte de emprendedor a empresario exitoso, liberando el potencial millonario que llevas dentro. Abandonar la seguridad de un empleo y un salario fijo no es tarea fácil, pero pensar y actuar de manera diferente puede cambiar radicalmente tus condiciones de vida.

No todos tienen la oportunidad de dejar su trabajo y embarcarse en un negocio propio. Las opciones son claras: trabajar para mantener tu empleo actual o trabajar arduamente para emanciparte de él. Si estás en el camino del emprendimiento, debes enfocar tu energía, talento y habilidades en hacer crecer tu economía personal o grupal. Desarrolla una idea de negocio que, a corto plazo, se convierta en un plan de trabajo rentable, generando ingresos adicionales y superando los límites de tu salario como empleado.

Tu bienestar financiero no debe depender exclusivamente de tu sueldo mensual, sino estar ligado a tus propios negocios. Adaptarte a las diversas circunstancias de tu entorno es crucial para crecer. Recuerda, no todos los millonarios nacieron en la opulencia; muchos construyeron su riqueza desde cero.

Para ser empresario, se requieren tres condiciones intelectuales y físicas que, aunque parezcan simples, son difíciles de reunir para la mayoría de las personas. Muchos individuos poseen solo una o dos de estas condiciones, siendo el dinero el recurso más crítico para convertirse en empresario. Es la combinación de estas tres condiciones lo que distingue a una persona común de un gran empresario. Si una persona carece de alguna de estas tres condiciones, sus posibilidades de éxito son limitadas. Por ejemplo, si se cuenta con el conocimiento y las habilidades para crear o desarrollar una empresa, así como con la oportunidad, pero se carece del capital suficiente para invertir, entonces el círculo de condiciones no está completo y el progreso se ve obstaculizado. De las tres condiciones, el dinero es el más difícil de obtener, mientras que la sabiduría e inteligencia empresarial pueden adquirirse de manera más rápida y sencilla.

Las tres condiciones mencionadas son:

1. Dinero (capital o conjunto de activos necesarios para cubrir necesidades personales y empresariales).
2. Sabiduría (conocimientos y experiencia en el ámbito empresarial).
3. Inteligencia empresarial (habilidad para aplicar el conocimiento, la experiencia y el dinero de manera efectiva).

A estas condiciones se suman factores como la oportunidad, la voluntad y la motivación que favorecen a formar riqueza de manera más rápida y eficiente, conformando así el círculo de activos empresariales.

Recuerda siempre que lo que para algunos es voluntad, para otros puede ser percibido como pereza. Es crucial comprender que existen diversos tipos de inteligencia y que la diferencia principal radica en el enfoque que se le otorga a cada una. Mi objetivo no es confundirte, sino más bien clarificar que existen personas que parecen haber nacido para ser empresarios. Sin embargo, no todos poseen este potencial innato, aunque aquellos que no lo tienen pueden trabajar en el desarrollo de habilidades empresariales.

Desde una perspectiva objetiva, encontramos individuos con la capacidad de sobresalir en actividades cotidianas dentro de una empresa o en el diseño de productos, pero que al final se desempeñan como empleados. Por otro lado, hay quienes carecen de habilidades comunes en labores escolares, personales o domésticas, pero son excelentes estrategas empresariales y comerciales. Estos individuos, cuya inteligencia está naturalmente enfocada en el ámbito empresarial desde su crecimiento, pueden explotar su potencial empresarial. En resumen, algunos empresarios parecen haber nacido con esa capacidad, mientras que otros la desarrollan a lo largo del tiempo.

Aprende a negociar

Negociar no se trata únicamente de conseguir el precio más bajo, sino también de asegurar un precio justo y establecer precios fijos para futuras compras o negociaciones. Es importante entender que el primer precio ofrecido no es definitivo ni absoluto; es negociable. Adentrarse en la psicología del vendedor implica mostrarle que no tienes prisa por comprar, evitando demostrar ansiedad o desesperación por adquirir el artículo. Personalmente, siempre me ha funcionado sugerir que volveré más tarde y retirarme, esperando así una contraoferta desesperada por parte del vendedor. Sin embargo, es crucial no abusar de las necesidades del vendedor, ya que en ocasiones puede estar dispuesto a reducir el precio por debajo de su ganancia debido a urgencias personales o económicas. En cualquier negociación, es fundamental mantener el respeto por la contra parte. Si la negociación se torna difícil, es preferible retirarse sin entrar en discusiones. Es mejor desistir, agradece, retírate y busca otras alternativas.

Para entenderlo mejor, cuando un producto va directamente del fabricante al vendedor final, los márgenes de ganancia del vendedor pueden ser considerablemente altos, llegando incluso al 200% o más, ya que no hay intermediarios. No obstante, cuando un producto pasa por múltiples manos o intermediarios, el margen de ganancia del vendedor final disminuye significativamente, a veces hasta un 30 o 40%. En estos casos, puede resultar difícil obtener descuentos significativos en el precio final para los clientes. Por lo tanto, es crucial adquirir productos al precio más bajo posible sin sacrificar la calidad. Comprar a un precio más bajo que el inicial ofrecido por el proveedor te garantizará un margen de ganancia favorable, aunque sea del 10%. Este porcentaje puede ser ajustado para aumentar las ventas y atraer clientes ofreciendo productos a precios más bajos que los de otras tiendas.

Aprender en el mundo de los negocios también implica buscar directamente a los fabricantes y eliminar intermediarios siempre que sea posible. En este arte de la negociación, a veces serás el comprador y otras veces el vendedor. Lo importante es mantener un flujo constante de intercambio de experiencias que te conviertan en un excelente negociador. No pierdas de vista la obtención de ganancias, el movimiento de los productos y, en consecuencia, el flujo de dinero para maximizar tus beneficios.

Deja de hacer lo que nunca haces. Ya no dependas del dinero que no tienes.

Es un error muy común entre las personas suponer, querer comprar o pagar algo cuando no se tiene el dinero. Este es el caso de mi amigo Mike, quien trabaja como diseñador gráfico desde casa para agentes fotográficos, en su trabajo como freelancer diseñando logotipos y publicidad para varias marcas o empresas. Utiliza software como Ilustrador, Photoshop, Corel, entre otros. Aunque su trabajo es exigente y no muy bien remunerado debido a su falta de formación académica en el área, Mike se esfuerza a diario para generar ingresos suficientes. Sin embargo, su estilo de vida no ha cambiado en años.

Mike enfrenta dificultades financieras constantes. Vive al día, dependiendo del pago de sus clientes para cubrir gastos básicos como internet, luz, alimentación y alquiler. Además, tiene hábitos de consumo poco saludables, como beber refrescos y fumar cigarrillos diariamente, y comprar comida rápida con regularidad. No establece un presupuesto ni ahorra dinero, lo que lo deja vulnerable cuando sus clientes no pagan a tiempo, lo que ha resultado en cortes de servicios como internet y luz. A menudo, culpa a sus clientes por su situación financiera precaria, pero la responsabilidad en realidad recae en su falta de habilidades de gestión financiera.

Pero, ¿realmente de quién es la culpa?

Mike nunca aprendió a administrarse; siempre gasta sin ahorrar un solo peso. Este problema, compartido por muchos, radica en depender constantemente del próximo pago quincenal, de familiares o amigos que nos deben dinero, o de préstamos para poder hacer frente a los pagos. ¿Y qué sucede si, como siempre, no hay dinero disponible? No se puede depender siempre de los demás. No debes contar con dinero que no esté en tu cartera o que no tengas disponible. No planifiques con el dinero o el capital que esperas recibir en el futuro, ya que no hay garantía de que lo obtengas.

La finalidad principal de una inversión es generar ganancias. De lo contrario, carecería de sentido. Nadie invierte con la intención de perder, aunque en la bolsa de valores es inevitable que, en ocasiones, se pierda dinero.

Si estás considerando realizar inversiones, primero debes comprender cómo funcionan en la bolsa de valores. A lo largo de la historia del capitalismo, la forma en que las personas invierten y perciben el mercado de valores ha ido evolucionando. Antes de sumergirte en este mundo, te recomiendo que estudies cómo está diseñado y cómo ha funcionado a lo largo de los años. Un ejemplo ilustrativo es el de una fábrica de algodón de los años 40 que experimentaba una disminución en sus ventas y estaba al borde de la quiebra. Decidió poner a la venta sus acciones en la bolsa, dividiendo así el valor monetario de la fábrica en pequeñas partes. Los inversionistas adquirieron cientos o miles de acciones, lo que revitalizó a la empresa con una sólida estrategia comercial. Tras unos meses, la empresa se fortaleció: se contrataron nuevos empleados, se adquirió maquinaria nueva, se mejoró la calidad de la mercancía y surgieron nuevos clientes que impulsaron la economía. Con el tiempo, se construyeron nuevas fábricas, lo que aumentó considerablemente el valor de la empresa. No es necesario estar en bancarrota para vender acciones.

En muchas ocasiones, se hace para impulsar el crecimiento sin arriesgar lo que ya se tiene. Ningún empresario inteligente y prudente sacrifica su empresa para hacerla crecer con el riesgo de perderla. En estos casos, se buscan inversionistas que contribuyan al desarrollo interno y comercial.

En la actualidad, lo que impulsa a los inversionistas es la demanda creciente de litio. Las grandes empresas tecnológicas están apostando fuertemente por este mineral, ya que es fundamental para el funcionamiento de una amplia gama de dispositivos, desde celulares y tabletas hasta vehículos eléctricos. El litio se ha convertido en el mineral del futuro, indispensable para muchas industrias.

Entonces, ¿cómo podrías invertir en esto? Supongamos que existe una empresa dedicada a la explotación del litio, también conocido como "oro blanco". Este recurso es esencial en todo el mundo como fuente de energía para diversas tecnologías. Sin embargo, si la empresa no cuenta con los recursos suficientes, como maquinaria y personal capacitado para la investigación, análisis, recolección y estudio de mercado, su destino podría ser el fracaso.

Sin embargo, si la empresa decide vender acciones y los accionistas optan por invertir, se presentan dos situaciones y múltiples oportunidades. La primera implica el riesgo inherente de aventurarse e invertir en la compañía. La segunda consiste en evaluar la rentabilidad a mediano y largo plazo. Si, después de la venta de acciones, la empresa logra consolidarse y gestionar eficazmente sus recursos, incluida la extracción del litio para generar ganancias rápidas, podría convertirse en una entidad sólida y sostenible capaz de abastecer al mundo durante muchos años. En este escenario, las ganancias podrían triplicarse en pocos meses, representando tanto una oportunidad como un riesgo para el inversionista.

En el caso hipotético de que decidas invertir y comprar acciones, y la empresa crezca hasta convertirse en uno de los principales proveedores de litio, serías una de las personas que se habría sacado la lotería y acertado un jonrón en el campo financiero.

Pero, ¿qué pasaría si surge una caída en los precios del litio? ¿Y si aparece una nueva batería industrializada que no requiere litio, tiene un costo bajo y una larga duración? En ese caso, la caída del precio de las acciones sería inevitable. Este tipo de situaciones son las que provocan fluctuaciones en el mercado bursátil. Predecir cómo se comportará el mercado es complicado y las decisiones de inversión son arriesgadas. A veces, puedes triplicar tu inversión, pero en otras ocasiones, puedes perder. Por eso, es importante tomar decisiones informadas y no dejarse llevar por el pánico. En momentos de caídas en la bolsa de valores, lo más prudente puede ser esperar y observar el comportamiento del mercado. Las acciones pueden recuperarse, y es importante no apresurarse a tomar decisiones que puedan resultar en pérdidas significativas. Mantén la calma, analiza la situación y espera a que las condiciones mejoren antes de tomar medidas.

Un pequeño ejemplo real:

Imaginemos una ferretería cuyo dueño, Agustín, disfruta de sólidas ganancias y una amplia base de clientes. A pesar de su éxito, Agustín decide expandir su negocio abriendo un nuevo local. Sin embargo, aunque las finanzas de Agustín son buenas, no dispone del capital suficiente para financiar la apertura de otro local por sí solo. En consecuencia, opta por vender acciones o participaciones de su empresa.

Los inversionistas interesados se convierten en accionistas, sin tener participación en las decisiones de la empresa, pero con derecho a compartir las ganancias. El objetivo es que las ventas de acciones igualen o superen el costo total del nuevo local, incluyendo el pago de empleados, alquiler del local, materiales, publicidad y demás gastos necesarios.

Cada acción tiene un costo de 1,000 pesos mexicanos, y con un total de 10,000 participaciones, se recaudan diez millones de pesos. Este capital se destina a establecer el nuevo local, el cual se promociona a través de redes sociales y medios locales. Después de meses de arduo trabajo, el segundo local de la ferretería comienza a generar ganancias sólidas y constantes.

El valor de las acciones puede fluctuar según el desempeño actual de la empresa y el interés de los accionistas en el mercado. Este es solo un ejemplo de cómo operan las empresas que cotizan en bolsa, las cuales deben cumplir con diversas regulaciones administrativas y legales.

Al invertir en la bolsa, es crucial entender que los retornos no serán inmediatos. Las grandes empresas se han construido a lo largo de los años, y lo mismo ocurre con las inversiones bursátiles. Es importante tener paciencia y entender que no existen garantías al 100% de que no se perderá dinero.

Si decides aventurarte en el mundo de la bolsa de valores, ten en cuenta que las empresas más grandes del mundo no alcanzaron su posición de la noche a la mañana; fue un proceso que tomó años de esfuerzo y dedicación. Su valor actual es el resultado de una estrategia continua de posicionamiento en el mercado. Al invertir en la bolsa, estás sembrando en una pequeña canasta que, con el tiempo, irá creciendo. Pero debes tener paciencia y no esperar resultados inmediatos. No te desesperes pensando que verás ganancias instantáneas.

Existen compañías y agencias especializadas en bolsa de valores que analizan y supervisan diariamente el comportamiento del mercado. Puedes apoyarte en su *expertise* para evaluar tus opciones de inversión y tomar decisiones informadas.

Un consejo valioso para quienes aspiran a ser emprendedores o empresarios es que, sin importar el sector en el que operen, busquen siempre obtener ingresos adicionales. Si deseas una vida sin deudas, es esencial que los microempresarios superen los ingresos de tres empleados con salario básico. Evita gastos innecesarios y, si logras ganancias que superen tres o más salarios mensuales de un empleado común, asegúrate de ahorrar el excedente y planificar tu futuro financiero.

Un ejemplo ilustrativo de las consecuencias de no adaptarse al mercado es Kodak. Fundada en 1981 y con ventas millonarias en todo el mundo, Kodak dominaba la industria de la fotografía. Sin embargo, a pesar de su innovación al desarrollar la tecnología de cámaras digitales, la empresa no la comercializó oportunamente y perdió su ventaja competitiva. Este error les costó caro y su monopolio se desmoronó ante la competencia. ¿Qué habría pasado si Kodak hubiera optado por vender acciones o parte de su empresa antes de su caída? Aunque para los inversionistas habría sido una oportunidad rentable, la realidad es que su declive era inevitable, cualquiera que hubiera invertido habría perdido su dinero. Cada empresa es única y debe adaptarse constantemente a las necesidades cambiantes de los consumidores para sobrevivir en la era moderna.

Cada semana, las cosas tienden a ser igual o más costosas que la semana anterior. Si decides invertir en oro, plata o bronce, notarás que estos metales no se devalúan; al contrario, aumentan su valor, superando incluso la tasa de inflación. Invertir en metales preciosos es una de las formas más seguras de ahorrar. Además, si es posible, considera adquirir terrenos, ya que representan una inversión más segura que los bancos, que ofrecen tasas de interés anuales de solo entre el 2% y el 4%.

Mi consejo es que, tras 3 a 5 años de acumular estos ahorros, consideres destinar una parte de ellos a invertir en un negocio propio o una franquicia. Esto te puede brindar ganancias superiores a las de cualquier trabajo que hayas tenido anteriormente.

Si deseas iniciar una pequeña empresa pero no cuentas con suficiente capital, te sugiero que combines tu ahorro destinado a negocios con el ahorro de amigos o socios. Esto te permitirá alcanzar el capital necesario sin recurrir a préstamos bancarios, evitando así tener que esperar 10 años o más para iniciar tu negocio.

¿Cuántas personas o socios son necesarios para invertir?

Esto dependerá en gran medida del costo del proyecto y de su planificación. Pueden ser necesarios al menos 3 socios, pero es importante no tener un número excesivo, ya que muchas opiniones pueden generar conflictos y desacuerdos constantes. Es fundamental que alguien asuma el liderazgo del proyecto y escuche las opiniones y recomendaciones de los demás socios.

Por lo general, el líder del proyecto es quien lo desarrolla y aporta la mayor inversión, aunque puede haber más inversionistas que solo aporten capital sin influir en las decisiones. Esta estructura aumenta las probabilidades de éxito de la empresa.

Siempre habrá oportunidades para gastar, pero es importante recordar que siempre habrá pretextos para no ahorrar. No siempre serás joven ni tendrás un trabajo que cubra todos tus gastos y caprichos. Aprende a prepararte para tu futuro como ex trabajador, sin depender de nadie más que de tus ingresos pasivos.

Algunos empresarios basan su visión de negocios en su mentalidad, experiencias y formación a lo largo de su vida. Para algunos, esta visión es unidireccional; siguen el mismo camino y se muestran reacios a arriesgarse en proyectos distintos a los que están acostumbrados. Por ejemplo, hay empresarios que se dedican al calzado y continúan produciendo exclusivamente ese tipo de productos sin explorar otras opciones, lo que los define como empresarios unidireccionales.

Luego están aquellos con una visión de negocios ligeramente diferente. Estos empresarios arriesgan poco y se centran en productos o servicios similares a los que ya ofrecen. Un ejemplo son las empresas lácteas, que incursionan en productos derivados como cremas, yogures, leches saborizadas, chocolates con leche, quesos, etc., sin cambiar radicalmente su modelo de negocio. Sin embargo, no solo en este modelo de negocio se encuentran los empresarios que arriesgan poco o nada para producir productos diferentes y no relacionados con su empresa original. En realidad, esto ocurre en cualquier tipo de negocio, ya sea tecnología, productos de belleza, artículos para el hogar, abarrotes, etc.

Al final, están los empresarios que encabezan la lista de los más destacados, poderosos y millonarios: los visionarios multidireccionales o multiempresariales. Estos empresarios están dispuestos a apostar por cualquier tipo de modelo de negocio. Se asocian y crean productos o servicios de todo tipo, arriesgándose para obtener el máximo potencial económico. Por ejemplo, empresas que antes se dedicaban a la producción de ciertos productos ahora fabrican artículos como lavadoras, refrigeradores, estufas, radios, televisores, celulares, computadoras, entre otros. Aunque la mayoría de sus productos están centrados en la tecnología y la electrónica, no se limitan a un solo tipo de producto. Además, se aventuran en proyectos diferentes a los que están acostumbrados, lo que les brinda una mayor oportunidad de convertirse en líderes en el mundo empresarial y financiero. Su mentalidad está enfocada de manera diferente a la de otros empresarios.

Análisis de tipos de productos y de ventas

- **M2** = Mala publicidad. Esta se caracteriza por ser poco atractiva y carecer de elementos visuales definidos. Su propaganda es deficiente y no logra captar la atención de los clientes.

- **M3** = Mal o pésimo precio. Se refiere a cuando los precios son altos en comparación con marcas conocidas, lo que hace que el negocio sea poco competitivo. Lo ideal es reducir costos de producción para ofrecer precios atractivos sin comprometer la calidad.

- **M4** = Mala ubicación. Esta se refiere a cuando tu negocio no está situado en un lugar físicamente conveniente. Por esta razón, los empresarios estadounidenses enfatizan mucho la importancia de la ubicación. Debes clasificar cuidadosamente tu empresa o negocio. Por ejemplo, si te dedicas a vender productos en tiendas, es posible que no necesites un local físico en este momento. Debes ser astuto para evitar caer en errores pasados, ya que gran parte de tu éxito al comenzar dependerá de ello. Presta atención meticulosa a los detalles y planifica cada aspecto, incluso los más pequeños. Al iniciar, enfócate en obtener estas tres características:
  - o Buen precio
  - o Buen producto
  - o Buena publicidad

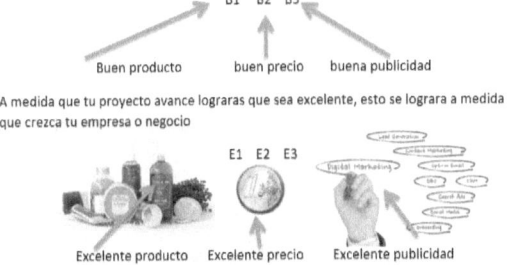

¡El esfuerzo y la dedicación son de las mejores herramientas para el éxito!

Los productos de belleza son unos de los más vendidos a nivel mundial y es poco probable que desaparezcan pronto. Aunque estos productos suelen asociarse principalmente con las mujeres, no significa que solo ellas sean quienes los vendan. De hecho, una gran parte de las ventas en este sector son realizadas por hombres con volúmenes significativos de ventas. A continuación, comparto algunas sugerencias si estás interesado en adentrarte en este lucrativo negocio. En primer lugar, visualiza tu alcance:

- ¿A quiénes les vas a vender?
- ¿Qué producto vas a ofrecer?
- ¿Cómo planeas realizar tus ventas?
- ¿Cuánto estás dispuesto a invertir y cuál será tu margen de ganancia?
- ¿Optarás por tener un negocio propio o serás un distribuidor?

Primero, comprendamos cómo funciona: tienes al fabricante del producto, quien vende a precios de mayorista a intermediarios, que suelen ser los proveedores. Estos intermediarios pueden tener locales o almacenes, y luego venden a un distribuidor, quien a su vez te vende a ti. Tú, finalmente, comercializas el producto en tu propio local a clientes generales. Observa el siguiente ejemplo:

Fabricante ➡ Proveedor ➡ (distribuidor primario) ➡ distribuidor ➡ tu local y tú al Cliente.

Para asegurar un margen de ganancia considerable, es fundamental que elimines a los intermediarios y compres directamente al proveedor, ya sea el mayorista o el fabricante. En muchas ocasiones, los productos pasan por múltiples vendedores secundarios, lo que aumenta los costos. Al comprar directamente, podrás obtener precios más bajos y ganancias más lucrativas, lo que te ayudará a expandir tu clientela. Sin embargo, ten en cuenta que algunas fábricas no venden al público directamente y otras requieren compras mínimas por montos elevados, lo que puede ser un obstáculo si no dispones del capital necesario. En tales casos, una opción recomendable es asociarte con personas dispuestas a aportar una cantidad igualitaria para cubrir el mínimo requerido por la fábrica. Posteriormente, podrán dividir la mercancía entre los socios según lo acordado. En esta situación, solo serán socios en la compra de los productos, manteniendo cada uno su local de manera independiente y sin responsabilidades conjuntas.

Fabricante —Proveedor   Distribuidor ➤ a tú local   y tú al Cliente

La excusa es un mal pretexto para no emprender un negocio. Los factores determinantes para el éxito son:

- Disciplina y confianza
- Enfoque
- Determinación
- Planeación
- Liderazgo
- Esfuerzo
- Constancia

Antes de continuar compartiéndote las estrategias de negocios que han funcionado tanto a mí como miles de empresarios y emprendedores te comparto una breve historia que me cambio la vida y me enseño lo que ninguna universidad del mundo te enseña. Mostrándote que sí es posible salir adelante y lograr tus metas incluso luchando contra adversidad, la perdida de todo mi capital y la mala intensión de algunas personas que querían verme caer al precipicio.

Antes de perderlo todo

Antes de perderlo todo, en el año 2001, me aventuré en la empresa de manufactura *Solectron* en Guadalajara, creyendo que era mi gran oportunidad de triunfar y alcanzar mis metas personales. Esta empresa marcó mi primer acercamiento con la realidad empresarial, donde los cargos más destacados estaban reservados para los influyentes. Comencé como capturista de información, un puesto medianamente bien remunerado. Al ser una empresa grande, pensé que tendría buenas oportunidades de crecimiento, ya que manejaba varios proyectos de manufactura para importantes compañías, comúnmente conocidos como naves industriales que albergaban a miles de empleados. Se ofrecían beneficios como bonos de productividad, horas extra y despensas.

Durante meses trabajé arduamente y recibí algunos reconocimientos de mi jefe inmediato. Sin embargo, mientras intentaba descubrir cómo se sustentaban las grandes empresas, manteniendo en mente mi aspiración de formar una propia, me di cuenta de que *Solectron*, una empresa con miles de trabajadores, se sostenía con proyectos en declive, lo que la llevó a una crisis empresarial debido a la competencia directa de otra empresa del mismo ramo.

La decadencia financiera ocasionó despidos masivos en pocos meses. En el primer trimestre de esa crisis, alrededor de 3 mil personas fueron despedidas. En ese momento, me di cuenta de que mi permanencia sería breve. En el segundo trimestre, me enfrenté a otro despido masivo que afectó a 4 mil empleados, incluyéndome. De esa manera, se desvanecieron mis esperanzas de progresar financiera, económica y personalmente. Me vi inevitablemente enfrentado a la misma suerte que miles de compañeros, todos quedamos sin empleo. Sin embargo, adquirí algo que en ese momento no aprecié completamente: experiencia y conocimiento. La mayoría de los empleados con cargos importantes permanecieron en la empresa a pesar de los despidos masivos.

Un gran compañero, egresado de una de las mejores universidades de México, fue despedido por un conflicto personal con su jefe. Esto lo llevó a buscar empleo en otra empresa, donde encontró rápidamente un puesto importante y un buen salario. Esto se debió a que provenía de una universidad de prestigio y había establecido relaciones con grandes empresarios. Estas relaciones, conocidas como Vínculos Sociales para la Capitalización, son fundamentales en el mundo empresarial y pueden influir significativamente en el éxito de un negocio.

Mientras tanto, yo no lograba conseguir empleo durante algunos meses. Esta experiencia fue una dura lección laboral y empresarial. Erróneamente, pensé que necesitaba cambiar mi perfil laboral para tener éxito. Decidí estudiar ingeniería informática con la esperanza de mejorar mis oportunidades. Creí que eso era lo que necesitaba para sobresalir.

En el transcurso de los siguientes meses, la empresa que alguna vez fue un líder en su sector fue absorbida por una compañía aún más grande. Años después, la incapacidad de *Solectron* para competir (el lobo más pequeño) resultó en su absorción por parte de una empresa con operaciones en decenas de países. Este suceso me llevó a reflexionar y sacar algunas analogías. Una de las lecciones más claras fue que, sin importar cuán importante o indispensable creas ser en una empresa, siempre serás sustituible.

Otra reflexión importante es que los estudios por sí solos no garantizan el éxito. Es fundamental contar con un plan de vida y desarrollar Vínculos Sociales para la Capitalización. Estos vínculos son relaciones interpersonales que pueden ayudarte a convertir tus productos o servicios en riqueza. Por ejemplo, tener contactos en empresas puede facilitarte la promoción de tus servicios, como sucede con los arquitectos que recomiendan productos de amigos o conocidos para proyectos de construcción. Las redes sociales y WhatsApp también son una herramienta poderosa para la promoción directa a personas cercanas.

Es crucial aprovechar los vínculos sociales para fines financieros o económicos. Muchas personas tienen conexiones sociales o amistades, pero no las utilizan de manera efectiva para impulsar sus negocios.

Te comparto las lecciones aprendidas en una pequeña parte de mi vida, te servirán para evitar errores al emprender donde se muestran, la forma en la que hay una mala administración de los recursos, mal manejo de tarjetas, deudas innecesarias y la forma clara en que muchos quieren verte tropezar y a pesar de eso salir victorioso.

Trabajé durante más de 10 años en la empresa de logística y almacenaje Ryder, mientras estudiaba en la universidad por las tardes. Mis gastos se dividían en transporte, comidas, materiales escolares y la cuota mensual universitaria, sumando aproximadamente $4600 pesos mexicanos. Mi salario como empleado era de $6500 pesos, y además obtenía un ingreso adicional por horas extras y de trabajar los domingos. En ese entonces vivía con mis padres, por lo que no pagaba renta, solo contribuía con gastos de luz, agua y alimentos. Al ser trabajador y estudiante, mis padres no me exigían mucho.

Sin embargo, caí en el hábito de "Don Gastalón". A veces me sentía económicamente limitado, pero cuando tenía ingresos extras, sentía la necesidad de gastarlos en caprichos. Por esta razón, antes de entrar a clase, solía comprar papas, refrescos, quesadillas, dulces y otros antojos. Además, dos veces al mes, los viernes salía de fiesta con mis compañeros universitarios.

Tenía la visión de que, después de graduarme en informática, ganaría mucho dinero, compraría una casa, un auto y gozaría de una estabilidad económica con un buen empleo bien remunerado. Sin embargo, en esos años no ahorré ni un centavo. Mi primer error, como el de muchos, fue suponer cómo sería mi vida futura.

En los siguientes meses, enfrenté aumentos del 50% en el costo del transporte público y un incremento del 10% semestral en la cuota universitaria y el pago de inscripción. Los trabajos escolares implicaban gastos adicionales en internet y copias, y adquirí una laptop con tarjeta de crédito para realizarlos.

Nunca imaginé que en menos de dos años estaría sobrepasando mi capacidad de pago, tanto de los gastos fijos como de los variables. Incluso con las horas extras, me resultaba insuficiente. Como buen deudor, recurrí a las tarjetas de crédito para cubrir las mensualidades atrasadas de la universidad. Cuando recibía el depósito de la caja de ahorro proporcionada por la empresa, lo destinaba a pagar la deuda de la tarjeta.

Este método me funcionó durante dos semestres, pero los gastos personales y familiares me impidieron saldar completamente la deuda de la tarjeta, lo que llevó a un aumento constante de los intereses. Mi sueldo solo alcanzaba para pagar el pago mínimo mensual, y los intereses eran tan elevados que las deudas disminuían muy lentamente o a cuentagotas como se dice comúnmente.

En ocasiones, recurría a una segunda, tercera e incluso a una cuarta tarjeta de crédito para hacer los pagos mensuales y gastos personales, lo que generaba un endeudamiento aún mayor en todas las tarjetas. Sin darme cuenta, terminé sobregirando las tarjetas y me llevó casi cinco años eliminar todas las deudas. Cada vez que lograba reducir a la mitad o menos la deuda, la necesidad de dinero al instante me hacía caer nuevamente en la tentación de retirar efectivo o pagar artículos con la tarjeta, reiniciando el ciclo de endeudamiento.

Guardaba todos los recibos de pago en una caja y un día decidí realizar un análisis detallado de mis gastos durante los últimos cinco años. Me di cuenta de que había pagado sumas enormes de dinero en intereses, créditos y moratorias, además del correspondiente IVA. A pesar de que el monto total otorgado en las cuatro tarjetas de crédito no superaba los 95,000 pesos mexicanos, terminé pagando más de 320,000 pesos, es decir, más del triple de lo que debía pagar. Con ese dinero que pagué innecesariamente, podría haber abierto un negocio, comprado un auto o incluso pagado la mitad o más de una casa de acuerdo con el valor de esa época.

Una de las mejores formas de ahorrar es no gastar más de lo necesario. Cada peso que destinas a intereses de créditos departamentales o préstamos bancarios es un peso menos en tu cuenta de ahorro. Algo que me fue útil en mis inicios es lo que en México se conoce como "rifas" o "tandas". Utilizadas de manera adecuada, pueden sacarte de apuros. Cada quincena, aportaba 2000 pesos y al finalizar los 10 números de la rifa, ya tenía 20,000 pesos. Comencé a ahorrar y, cada vez que llegaba a los 20,000 pesos, los depositaba en una cuenta de ahorro bancaria. Dos rifas al año sumaban 40,000 pesos. Además de las rifas, hacía aportaciones adicionales a la cuenta bancaria. Un año antes de salir de la empresa comencé a ahorrar y en 5 años logré juntar $285,000 pesos. En contraste, antes de comenzar a ahorrar en 9 años de trabajo en la empresa no había logrado juntar ni un centavo. Por eso, te aconsejo que si tienes deudas, primero las liquides una por una y luego ahorres. Es preferible tener el dinero guardado en una cuenta bancaria o en una alcancía. Si lo llevas en tus bolsillos o en la cartera, es probable que lo gastes y al final no sepas en qué se esfumó tu dinero.

Con la firme idea de obtener un trabajo bien remunerado, me desempeñé en la empresa Ryder que consideraba que abriría mi mente y mi camino. La experiencia que obtuve me ayudó a desarrollar un espíritu emprendedor. En mi caso, aprendí más de mis tropiezos y fracasos que de mis triunfos, ya que estos últimos me mantuvieron en la misma línea, mientras que los fracasos me llevaron por caminos diferentes.

En esta empresa, a la vez que enfrentaba mis deudas en las tarjetas seguía con la firme idea de sobresalir pero al no encontrar oportunidades en el ámbito administrativo, mis opciones se limitaron, así que empecé desde abajo, trabajando como auxiliar operativo. Poco después, ascendí y me desempeñé como montacarguista en la distribución de abarrotes para una empresa destacada. Trabajaba durante el día y estudiaba por las tardes, una situación común para miles de personas que se ven obligadas a combinar estudio y trabajo. Mientras la empresa conseguía nuevos clientes, lo que llamábamos proyectos, cada nuevo cliente significaba una mayor carga de trabajo para mí y mis compañeros. Sin embargo, mi salario permanecía igual. Esta situación no ayudaba a mis finanzas.

Durante años, me esforcé arduamente en mi trabajo. Recibí reconocimientos y diplomas, al igual que algunos de mis compañeros. En aquel entonces, creí que esto contribuiría a forjar una buena imagen en caso de querer destacar en esta u otra empresa. Agradezco haber tenido la oportunidad de trabajar en una empresa excelente. No obstante, algunos de sus líderes solo velaban por sus propios intereses, mostrando actitudes egoístas y prepotentes.

A medida que avanzaba en mi educación universitaria, parecía que mi crecimiento académico despertaba envidia y ego en algunos coordinadores y supervisores. Estoy convencido de que el miedo a perder su empleo frente a alguien con experiencia, preparación y juventud los llevaba a actuar de manera reservada y temerosa. Sentían que representaba una amenaza para su puesto y temían que yo ocupara su lugar.

Mi jornada laboral comenzaba a las 5:30 de la madrugada y terminaba a las 2:30 de la tarde. Luego, tenía que apresurarme para llegar a casa, hacer tareas, ducharme y llegar a la universidad a las 7 de la noche. Después de salir a las 10:30 de la noche, regresaba a casa pasando de las 11 de la noche. Esta rutina se repetía diariamente. En aquel entonces, creía que todo ese esfuerzo valía la pena, aunque constantemente encontraba obstáculos en mi trabajo.

Mis habilidades me permitieron ascender a un cargo administrativo, encargado de inventarios y otras funciones. Aprendí a realizar inventarios y desarrollé programas para optimizar el trabajo. Cuando terminé mis estudios, pensé que estaba listo para obtener un mejor puesto laboral. Aunque surgieron oportunidades en la empresa, incluyendo vacantes administrativas y de coordinador, descubrí que el esfuerzo no siempre garantizaba el éxito. A pesar de obtener altas calificaciones en exámenes y entrevistas, no fui seleccionado para los puestos.

Un día antes de la entrevista para una de las vacantes de coordinador, me encontré en el pasillo del almacén con un amigo que también había aplicado para la vacante. Venía visiblemente molesto, lo cual se reflejaba en sus palabras. Decepcionado, me informó que la posición para la que estábamos concursando ya tenía un candidato seleccionado. Me sorprendió, ya que aún quedaban entrevistas por realizar. Con vehemencia, mencionó que la vacante estaba arreglada, que el supervisor del área había hecho un pacto con el encargado de otra área y habría un intercambio de trabajadores entre las 2 áreas. Según él, por recomendación del supervisor, la vacante sería otorgada a un trabajador del turno nocturno que ni siquiera había realizado el examen o la entrevista. Afirmó que esta situación de contratación era una farsa y un insulto para aquellos que nos esforzábamos por ser seleccionados, pues él también había obtenido calificaciones altas en las evaluaciones.

Al principio, dudé de sus palabras, pero otros compañeros que también habían intentado obtener la vacante confirmaron sus sospechas. Estuvieron de acuerdo en que los resultados

69

fueron manipulados en beneficio del área y del supervisor que necesitaba a ese trabajador. Parecía que se favorecía a personas no aptas para el trabajo sin importar su desempeño en las pruebas. Estos hechos confirmaban que existía un acuerdo entre los supervisores para elegir a quien quisieran, sin considerar aptitudes, experiencia o nivel de estudios. Esto ocurrió en al menos dos ocasiones, según lo que yo pude observar. A pesar de la falta de pruebas concretas para hacer una acusación formal, me sentí molesto y decepcionado.

Días después, decidí confrontar al personal de recursos humanos para expresarle mi desacuerdo y mi percepción de que esta situación era una burla y una ofensa para todos los que habíamos participado en el proceso de selección. Sin embargo, solo me dijeron que no había nada que pudieran hacer al respecto, ya que la decisión estaba en manos del supervisor. Aunque el candidato seleccionado no había completado las pruebas y evaluaciones correspondientes, se le otorgaría la vacante de todas formas. Además, ratificaron que llevarían a cabo la entrevista y el examen esa misma tarde para crear una apariencia de imparcialidad y dejar evidencia de su participación.

Es importante mencionar que el empleado de recursos humanos no estaba de acuerdo con la forma en que se manejó la situación. A pesar de eso, se encontraba limitado por la jerarquía y no tenía margen de acción, como me confió discretamente. Por lo tanto, en las siguientes vacantes ni siquiera me molesté en intentarlo. De todas formas, el motivo pasó a un segundo plano. Lo que realmente importaba era que no podría alcanzar mis metas. No podía destacar en mi propia empresa. Tenía que buscar en otros lugares para cumplir mis sueños. Después de diez años de trabajo sin poder avanzar en el ámbito empresarial, decidí dar un paso al costado. Salí por la puerta de enfrente, renuncié con la habilidad de enfrentar el mundo empresarial y el emprendimiento.

Agradezco haber trabajado en esa empresa porque me proporcionó conocimientos en diversas áreas. Ahora era el momento de utilizar mis habilidades naturales y las adquiridas a lo largo de mi carrera laboral en varias empresas. Era el momento de iniciar mi propio negocio. Sabía que necesitaba capital suficiente para ello. Aunque ya no quería trabajar para otros, sino para mí mismo, sabía que alcanzar estas metas requeriría una cantidad considerable de dinero.

Me vi obligado a trabajar nuevamente en una empresa de soporte informático durante cuatro años para poder ahorrar. Dedicaba el 30% de mi salario a este propósito. La verdad es que no fue fácil, ya que el salario era muy bajo para el puesto que ocupaba. Lamentablemente, no encontré una diferencia significativa en otras empresas. Sentía que había invertido tiempo y dinero en mis estudios universitarios, los cuales solo me permitían ganar un 90% más que el salario estándar de un empleado de producción. Aun así, logré ahorrar lo suficiente. Después de renunciar, abrí mi primer negocio propio: una refaccionaria de autopartes en la zona periférica de la ciudad de Guadalajara.

Durante los primeros seis meses, tanto mi jefe como mi empleado era yo mismo. No fue un periodo fácil. A pesar de haber realizado estudios de mercado en la zona y parecer prometedores, algo parecía estar faltando. Había leído varios libros sobre emprendimiento y creía estar siguiendo los pasos correctos. En medio de estas circunstancias, un amigo cercano me ofreció la oportunidad de trabajar para una institución gubernamental.

Había invertido una gran cantidad de capital en el negocio sin ver resultados, por lo que decidí aceptar la oferta de empleo en un instituto del estado de Jalisco. Realicé los trámites y exámenes requeridos y fui aceptado en el puesto. Dejé el negocio en manos de un empleado que contraté mientras yo laboraba en la institución.

La mitad de mi salario se destinaba a cubrir los gastos mensuales de la renta del local y el sueldo del nuevo empleado. En mi negocio estaba perdiendo dinero sin ver ganancias. En mi desesperación, estuve cerca de cerrar el establecimiento. Estudié durante algún tiempo nuevas estrategias. El punto principal era reducir costos y aumentar las ventas. Ya era tiempo de poner a prueba todo lo aprendido.

Primero, decidí reducir costos. El local era demasiado amplio para mi negocio y no estaba ni siquiera al 50% de su capacidad de almacenaje. Así que busqué a una persona con quien compartir gastos. Dividí el local en dos partes y busqué un socio o cliente que me rentara la otra mitad. Aunque considero que es importante tener gente de confianza, sé que no siempre es una buena idea involucrar a familiares en los negocios. Sin embargo, en este caso, una prima se mostró interesada en compartir gastos. Siempre había querido autoemplearse, y esta era su oportunidad. Invirtió una gran cantidad de capital en un negocio de ferretería y tornillería. Pagaba la mitad de la renta en común acuerdo, y entre ella y yo también cubríamos el salario del empleado de la refaccionaria. Él se encargaría de ambos negocios y se le incrementó el sueldo en un 20%. Dado que las ventas eran bajas, no habría problema en que se ocupara de ambos establecimientos. De esta forma, logré reducir los gastos en un 45% al mes, pero todavía seguía en números rojos.

Con las ventas tan bajas, ni siquiera me molestaba en hacer inventarios. Sin embargo, la reducción de gastos me permitió tener un poco de capital para invertir en publicidad. Comencé creando mi propia guía del emprendedor. Puse un anuncio publicitario luminoso de buen tamaño en la parte superior del local, que servía para ambos negocios. Sin embargo, las condiciones del terreno eran pésimas y no contábamos con estacionamiento, lo cual es indispensable para un negocio. Por lo tanto, decidí invertir en la construcción de un estacionamiento para tres vehículos. Increíblemente, en tan solo tres semanas después de realizar estos cambios, el número de clientes se triplicó, tanto para mi negocio como para el de mi prima.

Después de algunos meses, surgió otra situación que inicialmente parecía un problema, pero que en realidad era una oportunidad de crecimiento. Mi empleado ya no podía controlar ambos negocios y el inventario estaba desordenado. No sabía qué materiales había en existencia y cuáles estaban escasos o agotados. Ante esta situación, me vi obligado a trabajar los fines de semana para realizar los inventarios, algo en lo que era experto. Me considero una persona muy creativa, y esta habilidad nunca la pude explotar al máximo hasta que comencé con mi propio negocio. Mi formación como informático me permitió desarrollar un software para inventarios que instalé en una computadora en el local comercial. Además, mi creatividad me llevó a desarrollar una aplicación de inventarios en mi celular. Aunque sé que existen varias aplicaciones de este tipo disponibles para descargar en celular, estoy convencido de que la que desarrollé es única. La ventaja de este software es que permite realizar el inventario con etiquetas de código QR añadidas a los empaques de los productos. Había desarrollado algunos softwares para distintas empresas y sentí que era el momento de crear uno para mi propio beneficio. Sin darme cuenta, ya me encontraba en otro nivel, no solo financiero sino también como emprendedor.

No fue fácil, ya que me encontré con otra faceta que era lidiar con los pagos de impuestos al gobierno, algo en lo que carecía de experiencia. Afortunadamente, mi prima aportó este conocimiento para beneficio de ambos. Antes de asociarme con mi prima, utilizaba la ayuda de un contador cuyos servicios apenas podía pagar.

Con ambos negocios en crecimiento, sabía que no podía parar. Cada vez que hacía alguna mejora o desarrollaba nuevas técnicas de mercadeo, me basaba en lo aprendido en varios libros, pero también agregaba técnicas propias. Más que una libertad financiera, esto me permitió una independencia laboral que anhelaba desde hacía muchos años. En poco tiempo, ayudé a mi prima a abrir otra sucursal en un punto estratégico de la ciudad, en unos meses abriríamos otro local compartido tanto para su negocio de tornillería como para el mío de refacciones de autos. Mi prima estaba dispuesta a prestarme o invertir capital. Una de las partes de la guía del emprendedor es que, si quieres que tu negocio funcione, debes tener en cuenta que se basa en el principio fundamental de las ventas. Esta es una analogía que incluyo en la guía. Por lo tanto, debes ser un excelente vendedor y tener una buena estrategia de ventas.

Aunque la realidad es que a pesar de que todo iba excelente y apuntaba a un crecimiento económico y personal la satisfacción no duraría mucho, la vida siempre te pone obstáculos y te pone a prueba, también te ofrece recompensas si resistes a las inclemencias de la vida.

Después de perderlo todo

Los hechos Sucedieron en una época crucial de mi vida en la que aspiraba a una vida de abundancia y solvencia económica. Con un establecimiento de accesorios automotrices y un segundo por abrir en pocos meses, mi vida dio un giro inesperado cuando mi padre sufrió un accidente y tuvo que ser hospitalizado. Durante meses, agoté mi esperanza y capital, dejando de lado mi trabajo para priorizar la situación familiar. Dejé de atender el negocio ya no podía pagarle al empleado, las ventas cayeron drásticamente; a veces, el local permanecía días sin abrir. Mi prima se ofreció a apoyarme económicamente pero la realidad es que no quería ser ayudado.

A pesar de las numerosas opciones para mantener el negocio a flote, traspasé mi establecimiento y el dinero se agotó en pocos meses. Me encontré lleno de deudas y, lamentablemente, nada evitó que mi padre falleciera. Mi situación económica era precaria y mi estado anímico y psicológico me sumió en la depresión durante semanas, incluso meses. No sabía cómo salir de ese agujero psicológico en el que me encontraba, y la verdad es que ni siquiera lo intentaba. Había perdido la esencia que me motivaba a seguir adelante y también había perdido mi espíritu emprendedor.

Quizás no todos entiendan por qué algunas personas les cuesta más trabajo superar estas situaciones. Los lazos y el apego emocional son diferentes para cada individuo. Pero yo sabía que tenía que seguir adelante por mi esposa y el hijo que venía en camino. Estuve a punto de rendirme en varias ocasiones. No me resultó nada fácil salir adelante. Vendí la única propiedad que me quedaba, pagué la mayoría de mis deudas y el poco dinero que me quedó no duraría mucho. No tenía idea a qué me dedicaría; el vacío monetario y emocional se apoderaba de mi mente.

Además, no tenía suficiente dinero para levantar otro establecimiento de accesorios y partes automotrices. Sabía que debía dedicarme a algo diferente y nuevo. Leí numerosos libros de autoayuda, superación personal y finanzas empresariales, desde las hazañas de Carnegie hasta las experiencias de mentes millonarias como Bill Gates, Steve Jobs y Carlos Slim. Durante semanas, puse en práctica sus métodos y también los consejos de algunos empresarios amigos míos residentes en Jalisco, como el Señor Robert Monraz, quien se ofreció a ayudarme económicamente invirtiendo en cualquier negocio que yo quisiera. Decidí no aceptar su oferta y solo tomé su experiencia y consejos. No aceptaría dinero, solo su amistad. La mayoría no entenderá mis motivos, pero decidí comenzar desde cero. La experiencia y las virtudes eran más valiosas que el mismo dinero.

Después de perderlo todo y con una vida por delante, decidí buscar mi fortuna en un mundo lleno de oportunidades pero también de retos, éxitos y fracasos. Sin esperar a que el dinero tocara a mi puerta, me aventuré a realizar mis sueños. Mi vida tenía que continuar. En ese momento, solo tenía un pequeño capital para invertir y una Licenciatura en informática. Sabía que mi enfoque debía estar dirigido hacia la tecnología, eso me fascinaba. Las circunstancias me llevaron a buscar a un vendedor de tecnología usada, computadoras, radios, televisores, refrigeradores industriales y todo tipo de electrónicos.

Mi primer contacto directo fue con Daniel, quien tenía un almacén de productos electrónicos de todo tipo, incluso computadoras de escritorio y portátiles. Eran los únicos productos que yo conocía sus características y precios en el mercado, así que sabía que podría tener una oportunidad. Daniel tenía su almacén en un lugar alejado de la zona centro de Guadalajara y, a través de su página web, proporcionaba un teléfono y contacto de correo. Recuerdo claramente que fue un viernes por la mañana cuando salí de casa con la firme idea de buscar un negocio. No tenía idea de qué ni cómo, pero fui al almacén de Daniel.

Activa la conducta ¡Yo Vencedor!

Antes de entrar, me sentí titubeante y no sabía realmente lo que buscaba ni qué palabras usar. Sin embargo, cuando tomé la determinación, solo tenía en mente las palabras: "yo puedo", "estoy listo". Pensé de manera positiva mientras me acercaba a Daniel y le preguntaba si tenía equipos de cómputo. Él respondió que solo tenía monitores, ya que los ordenadores estaban agotados y llegaría un contenedor la próxima semana. En ese momento, se me ocurrieron varias ideas, una de ellas fue para qué me servirían solo los monitores y la otra era si habría mercado para este tipo de artículos usados y si sería rentable.

Entonces, le pregunté sobre el precio de los monitores. Fue entonces cuando descubrí uno de los secretos que marcaría mi vida para siempre. Me dijo que por más de 60 monitores me daría un precio especial. Haciendo la conversión del peso mexicano a dólares, eran alrededor de 15 dólares por monitor. Además, mencionó que tenía 302 monitores de la misma marca y modelo, pero para aplicar la promoción solo vendía lotes en cantidades mayores a 60. No me vendería una cantidad menor a 60 si quería el precio especial, así que le dije que volvería más tarde.

Salí pensativo, sin saber si tenía una oportunidad o si estaría comprando problemas. Me dirigí a la zona centro y visité algunos locales sin tener suerte, hasta que por fin llegué al lugar indicado, a la hora correcta. Allí, en uno de los locales, se encontraba el dueño del negocio al que le ofrecí los monitores. Solo me hizo 3 preguntas clave:

- ¿Cuántos monitores tienes?
- ¿Qué marca y modelo son?
- Y la tercera y definitiva pregunta: ¿Cuánto quieres por ellos?

Instantáneamente y sin pensarlo, respondí mencionando la marca y el modelo, y pidiendo 29 dólares por cada uno. Con firmeza y seguridad, él dijo: "¡De acuerdo, entonces los compro todos!".

En ese momento, titubeé. Mi mirada inquieta reflejaba mis nervios y felicidad. Me relajé un poco al darme cuenta de que había hecho uno de los mejores negocios de mi vida. Para la mayoría, podría parecer insignificante, pero para mí significaba uno de los mejores negocios que había hecho hasta ese momento. Había vendido más de 300 monitores sin tenerlos en mis manos todavía. Sin embargo, ahora tenía otro problema: no tenía el capital suficiente para comprarlos todos.

En resumidas cuentas, solo podía pagar 105 monitores. Las oportunidades no son tan simples; conllevan sacrificios. Tomé el celular y llamé a Luis, un amigo de la infancia, para que me ayudara con la entrega en su camioneta. Le expliqué los detalles mínimos y nos reunimos en mi casa. Después de discutir los pormenores, fuimos con el vendedor y le pagué por los primeros

105 monitores. Le dije que volvería por el restante más tarde, a lo cual el vendedor asintió con la cabeza.

Al llegar con el comprador, descargamos todos los monitores y le mencioné que los demás estaban siendo revisados para la entrega. Le pedí que me hiciera el pago por los 105 monitores. Después de unas pruebas rápidas, llegó mi primer pago por mi esfuerzo. Regresamos por los monitores restantes hasta completar la cantidad requerida por el comprador.

La ganancia resultante fue de aproximadamente un 97%, menos los gastos de transporte y gasolina. Estaba ante una gran oportunidad de negocios que me dejaba ganancias superiores a 7 meses de trabajo como un empleado común. Mi amigo Luis se interesó tanto en este tipo de negocio que se ofreció a invertir conmigo y ser mi socio. Aunque no sabía mucho sobre tecnología ni ventas, el capital que aportaría y su vehículo eran justo lo que necesitaba en ese momento.

Al principio dudé en aceptar la oferta de mi amigo, ya que había rechazado la oferta del Señor Robert. Sin embargo, después de reflexionar, comprendí que su compromiso debía ser del 100%. Nadie invierte su capital sin comprometerse completamente. Entendí que mi amigo se comprometería al igual que yo para que su inversión diera frutos.

Tras realizar con éxito esta venta, repliqué esta hazaña en los meses posteriores con resultados satisfactorios. Incluso llegué a tener un stock de productos de segunda mano o usados. El país estaba pasando por una crisis, y las personas preferían comprar productos usados a precios más bajos. Vi una oportunidad en esta situación.

Durante los meses de prosperidad, creí que ese era el gran negocio que estaba buscando con afán. La independencia financiera estaba frente a mí; mi nuevo socio y yo seguimos ese sendero de oportunidades que nos brindaban las circunstancias del país. Durante algunos meses, replicamos la misma estrategia de ventas, lo cual nos dejó unas ganancias excelentes que ni en 10 años de trabajo forzado como empleado de una fábrica o empresa lograría. Pensé que esa sería mi pequeña mina de oro y que me dedicaría a ello toda mi vida. Sin embargo, la vida me mostró lo contrario en un lapso no mayor a un año y medio aproximadamente.

Este tipo de negocio se vio plagado de revendedores, competencia directa que compraban equipos de segunda mano a precios bajos en subastas o remates y ofrecían equipos a un costo mucho inferior al que nosotros teníamos. Llegamos al punto de tener un inventario de equipos almacenado durante demasiado tiempo porque no podían ser vendidos debido a la diferencia de costos y ofertas más bajas de la competencia. De manera brutal, entendí que esto no sería un negocio duradero. Solo algunos clientes fieles seguían comprando nuestros productos, pero tuvimos que reducir considerablemente los costos, a veces vendiéndolos al costo de compra.

En ese momento, tuve que analizar el futuro que tendría si seguía por ese camino en la vida. Las circunstancias nos llevaron a tomar decisiones. Pensé que solo había dos caminos: uno sería seguir con el mismo rumbo y el otro abandonar y cambiar el camino dedicándome a otra actividad. La verdad no fue nada fácil tomar decisiones complejas. Durante días, trabajé en mi mente varias maneras de mantenerme a flote.

La solución momentánea fue vender directamente los artículos, dejando fuera a intermediarios. El producto sería vendido directamente al usuario final. Para esto, tardé varios días planeando métodos en los cuales surgieron formas a mi alcance. Una de ellas era publicar en "libre mercado", una plataforma muy usada en México a nivel nacional. La otra era en Facebook, con la creación de una página empresarial. Para abarcar más zonas de ventas en línea, diseñamos una página de ventas de equipos de segunda mano con el desarrollo de un chat para apoyo al consumidor. Estas acciones radicales nos abrieron un mundo de comercio diferente para nosotros. Además, nos encontramos con una oportunidad no contemplada: la creación de una página para ventas de artículos nuevos electrónicos de cómputo y accesorios. Esto fue una muestra más de que las crisis abren nuevas oportunidades. En ese momento, ya tenía mi nueva segunda oportunidad de negocios.

Tácticas millonarias para desarrollar tu empresa
¡La creatividad y la visión son bases para el éxito!

Tu enfoque inicial debe ser obtener ventas y clientes. Es esencial visualizar hacia dónde deseas dirigir tu negocio o empresa. En el sector tecnológico, que implica una renovación constante de ideas y productos, es crucial buscar originalidad. Las ideas y modelos de negocio que se presentan en este libro son altamente rentables, pero debes analizar y promover tu empresa de manera que sea lo más innovadora posible. Idear nuevos productos únicos es fundamental para destacar, aunque esto pueda resultar difícil para algunos. Como se explica en varios capítulos, algunas personas tienen una habilidad natural para generar y visualizar ideas, pero otros pueden desarrollar estas habilidades con el tiempo mediante el trabajo mental. Por ejemplo, en mi caso, es una habilidad que siempre he tenido y que he cultivado a lo largo de los años.

En el mundo de la informática, las innovaciones ocurren cada pocos años, sorprendiéndonos con productos que antes parecían impensables. Hace unos años, pocos imaginaban la existencia de dispositivos como teclados inalámbricos o bocinas Bluetooth con algoritmos inteligentes. Te adelanto que en los próximos años veremos laptops con doble pantalla, activación por voz e incluso proyectores integrados para cine en casa. Además, aparecerán monitores que no requerirán conexión al CPU. Un proyecto destacado en este sentido es el de una compañía estadounidense, que está avanzando rápidamente en el desarrollo de este tipo de tecnologías.

Lo que destaco de todo esto es que esta empresa está utilizando sus avances tecnológicos para posicionar sus ventas en lo más alto. Esto es posible debido a su estabilidad financiera y a una amplia base de clientes. Sin embargo, tú como emprendedor debes adoptar un enfoque diferente. Es crucial posicionar tu empresa como una de las mejores en su campo. La clave para diferenciarte de la competencia, tanto directa como indirecta, es la innovación en tus productos. Ofrecer a tus clientes algo único y exclusivo garantizará que tu negocio sea más rentable y se posicione rápidamente como uno de los líderes del mercado. Además, debes emplear técnicas de ventas especiales para destacar aún más en el mercado y captar la atención de tus clientes potenciales.

Los sueños surgen en la mente al igual que las ideas, las realidades son proyectos terminados de la mente. La mayoría de estos sueños e ideas se quedan en eso y no se concretan jamás.

¡El éxito es consecuencia de los buenos hábitos, no de la suerte!

Los líderes empresariales siempre están en búsqueda de optimizar recursos, pero de poco sirve decirlo si no se sabe cómo lograrlo. Para ilustrar este proceso, consideremos un ejemplo en el sector del transporte de mercancías. Imaginemos una empresa especializada en paquetería y transporte de carga a nivel industrial. Su principal objetivo es ofrecer un servicio eficiente y rentable. Para simplificar, examinemos cómo funciona este proceso sin adentrarnos en complejos cálculos matemáticos.

El cobro del servicio se determina según el volumen del producto, su peso y la distancia en kilómetros. El objetivo es transportar la mayor cantidad de mercancía posible a un costo reducido. Un contenedor lleno se traduce en un menor costo de transporte, considerando factores como el salario del chofer, el combustible, el mantenimiento del tráiler, la distancia recorrida, los gastos operativos (como alimentos) y los peajes. Para ser competitivo, es fundamental ofrecer servicios y precios superiores a los de la competencia. Muchas empresas fracasan en esta etapa debido a una estrategia de negocios deficiente. No basta con tener una buena publicidad; es esencial contar con un excelente captador de clientes. Una logística bien planificada permite destacarse. Una empresa de transporte sobresaliente busca la ruta más eficiente para evitar gastos innecesarios. Por ejemplo, llevar dos remolques en lugar de uno puede resultar más rentable, aunque aumente un 60% el consumo de combustible, ya que se puede transportar aproximadamente un 80% más de mercancía, evitando así costos adicionales de conductor y camión. Además, se busca transportar mercancía tanto de ida como de regreso, maximizando las ganancias.

Tener una flotilla de camiones, ya sea comprados o rentados, representa un costo millonario que solo pueden asumir las grandes empresas. Sin embargo, si un grupo de pequeños emprendedores decide crear una empresa de transporte, pueden hacerlo de manera eficaz mediante la creación de una plataforma en línea exclusiva. Esta plataforma sería más rentable y podría implementarse de varias maneras. Los transportistas con camión propio se registrarían en la plataforma a través de una aplicación móvil, mientras que las empresas que necesitan transporte se darían de alta y solicitarían el servicio. Cuando los transportistas estén disponibles, recibirían una alerta con los detalles del servicio, como la ciudad de origen y destino, los kilómetros a recorrer y el costo total. La plataforma cobraría un 10% al transportista y un 5% a la empresa, además de ofrecer servicios de logística. De esta manera, este pequeño grupo de empresarios podría gestionar su propia flotilla de camiones. Aunque existen plataformas y aplicaciones que ofrecen servicios similares, tu tarea es diseñar e innovar servicios que se diferencien de los existentes.

Toda gran empresa comienza con un pequeño sueño

La Innovación de un Producto

Cuando se crea un producto desde cero, es fundamental realizar un sondeo de preventas. Este sondeo implica una evaluación sobre la aceptación y el mercado potencial del producto, lo que te permitirá visualizar su viabilidad y rentabilidad. El producto debe ser innovador y generar un impacto positivo en los compradores.

A lo largo de este libro, te mostraré diversas formas de emprender, proporcionando ejemplos prácticos que pueden aplicarse. También exploraremos cómo iniciar desde cero. Por ejemplo, al comenzar a elaborar un producto, es importante que sea innovador. Sin embargo, la innovación no necesariamente implica que el producto sea completamente nuevo, sino que debe destacarse y satisfacer las necesidades del cliente de manera positiva.

Imagina que decides establecer un pequeño negocio de pizzas. Te enfrentarás a grandes retos, especialmente porque es un mercado en crecimiento. Incluso si decides establecerlo en una zona donde aún no hay competencia directa, es probable que te encuentres con otros negocios similares en las cercanías. En ambos casos, es crucial ser innovador.

Esto implica buscar formas diferentes para abordar este modelo de negocio. Por ejemplo, si nos enfocamos en la receta o los ingredientes, observarás que los más comunes suelen ser los más vendidos. Aquí radica la oportunidad de mejorar mediante la introducción de una nueva receta o ingredientes. Estos cambios no son fáciles de implementar; sin embargo, si lo fueran, no representarían un verdadero reto y cualquiera los llevaría a cabo.

Hace algunos años, las pizzas de camarones no existían y hoy en día son populares en muchos lugares. Lo mismo ocurre con las pizzas de pollo con arándanos, las pizzas a la mexicana, entre otras. Puedes innovar con cualquier otra receta que se te ocurra, pero no se trata únicamente de agregar ingredientes. Requiere un análisis exhaustivo, con la participación de personas calificadas en el arte gourmet, siempre cuidando que no se comprometa ni se ponga en riesgo la salud de los comensales.

Es importante tener en cuenta que cada vez que se sugiere una nueva forma de negocio o modelo, existe el riesgo de que otras personas tengan la misma idea, lo que podría comprometer o poner en riesgo el negocio en cuestión. Tu tarea es analizar las posibilidades para tu negocio y buscar formas de diferenciarte en el mercado.

Si tienes conocimientos gastronómicos, también puedes crear ofertas y promociones. Por ejemplo, en días con pocas ventas puedes implementar promociones de 2x1, ofrecer ventas por internet o a través de plataformas de entregas en línea, distribuir volantes y promocionar tu negocio en redes sociales, entre otras estrategias.

Recuerda que aquellos que creen que algo no se puede hacer siempre son superados por aquellos que lo intentan y tienen éxito.

Al igual que un aparato eléctrico no sabrás si funciona si no lo enciendes, emprender implica asumir riesgos. Si bien trabajar para tu propia empresa puede ser una meta deseable, también es válido y respetable ser un empleado feliz y destacado. En el mundo del emprendimiento, no hay aventura sin riesgo ni emoción sin aventura.

He repetido en varias ocasiones: antes de emprender, es fundamental considerar el sector en el que se enfocará tu empresa o negocio. Este análisis te proporcionará un buen punto de partida y te ayudará a evitar errores. Mantén tu mente enfocada y abierta, y utiliza la planificación como tu principal estrategia. Inicia tu proyecto con tres cualidades esenciales: disciplina, persistencia y liderazgo. La disciplina será tu herramienta intelectual, la persistencia tu motivación y el liderazgo será lo que te defina como emprendedor o empresario.

Idealiza tu producto y diseña tu logo. Imagina ser un empleado ejemplar, una persona que se esfuerza al máximo por el progreso de la empresa, incluso superando las expectativas de su contrato. El crecimiento de la empresa, gracias a tu contribución y la de tus colegas, será significativo. Sin embargo, generar riqueza para la empresa en la que trabajas no garantiza tu independencia financiera. Es posible que recibas aumentos de sueldo o bonos de productividad, pero esto no será suficiente para alcanzar la independencia financiera. Ahora, imagina lo que podrías lograr si dedicaras la mitad de la energía que empleas en la empresa a tu propio negocio. Estoy convencido de que gran parte del conocimiento adquirido en tu trabajo diario puede ser aprovechado para desarrollar tus habilidades personales y empresariales.

Proyecto de negocio sustentable

¿Qué es un negocio sustentable? Se trata de un proyecto que puede mantener los gastos mensuales de tu empresa mediante una estrategia que te permite ahorrar miles de dólares anualmente.

Al iniciar o tener una empresa establecida, asumes grandes responsabilidades, sobre todo económicas. Aparte de pagar a tus empleados, hay gastos inevitables, variables e incluso marginales, todo dependiendo del giro de tu empresa. Nos centraremos en los gastos inevitables, siendo uno de los más significativos el de electricidad. Este representa un costo considerable para la empresa, ya que se utilizan máquinas para la producción y otros dispositivos como computadoras, aires acondicionados, luces, hornos de microondas para la cocina, entre otros. Por lo tanto, debes adaptar tu empresa para este alto consumo. Agregar paneles solares puede reducir tu consumo hasta en un 90%, y el costo de este recurso se recuperará en 2 o 3 años, aunque esto dependerá en gran medida del espacio disponible en tu empresa, es decir, si cuentas con un almacén estándar y suficiente espacio en el techo para albergar los paneles solares, podrás deducir casi la totalidad del consumo. Si el espacio es más reducido, como en oficinas pequeñas, deberás hacer un análisis para determinar cuántos paneles podrás instalar y cuánto será tu ahorro. Las compañías que proveen los paneles suelen ofrecer el servicio de análisis y presupuesto antes de que inviertas un solo centavo, así que asegúrate de que sea lo mejor para tu empresa.

Este es solo un ejemplo de cómo reducir costos para integrar la planeación de una empresa sustentable. Actualmente, las compañías fabricantes de paneles están desarrollando modelos más potentes con una mayor capacidad de producción de energía. Por lo tanto, en el futuro, con menos paneles solares, podremos generar más energía, lo que reducirá el costo de tu factura eléctrica.

Los comercios o empresas que tienen una alta demanda de energía pueden ahorrar mucho capital en los costos mensuales de su comercio o empresa, sobre todo cuando apenas comienzan ya que muchas empresas tienden a cerrar momentáneamente, despedir personal, incluso desaparecer por no poder solventar los gastos. En empresas donde el consumo de energía es muy alto, el gasto en pagos de energía puede llegar a ser hasta del 35% o más de todos los gastos mensuales donde se incluyen, gastos fijos y gastos variables. En muchos de los casos de estas empresas suele ser hasta de un 35% de total. Imagina una empresa que tenga gastos de un millón de pesos o más, alrededor de trecientos cincuenta mil pesos será del consumo energético. La opción para ahorrar este costo excesivo es con la instalación de paneles solares con los cuales se ahorraría el gasto casi al 100%, es decir se evitaría pagar a la comisión eléctrica ese consumo porque estarías produciendo tu propia energía, con lo cual fortalecerías las finanzas de tu empresa y tendrías ese dinero a favor como ganancia y no como deuda.

¿Cómo saber si es necesario invertir en paneles solares?

Primero debes saber el consumo de energía que tendrá tu local o empresa y es importante resaltar que adecuar paneles solares no es un gasto sino una inversión. Luego realizar un análisis detallado de los costos energéticos primarios y secundarios.

Algunos ejemplos reales donde se utiliza este método en pequeñas y grandes empresas y locales comerciales.

Carnicerías: los equipos de enfriamiento son altos consumidores de energía, muchas carnicerías optan por usar paneles solares para absorber y evitar costos de energía excesivos. Por ejemplo en la mayoría de los locales comerciales el costo de energía es alrededor del 35 o hasta el 40% de los gastos mensuales que incluyen el pago a empleados y renta del local, en consecuencia si una carnicería tiene gastos mensuales aproximados a 2,340 dólares o el equivalente a 45,000 pesos mexicanos dependiendo del tipo de cambio. En este caso la carnicería ahorrará alrededor de 15,000 pesos en gastos de energía que pueden ser utilizados para cubrir otras necesidades o simplemente ganancias para el dueño. Si no es posible que puedas cubrir el costo total de los paneles en primera instancia debido a la falta de capital, es importante que no te endeudes demasiado, en estos casos se realiza de manera escalonada es decir puedes incluir entre un 30 a un 50% de los paneles en la primera etapa de tu local y con el dinero que se ahorra de energía en esa primera fase, en pocos meses podrás pagar el resto de la adquisición e instalación de los paneles restantes. De esta forma evitarás gastos excesivos.

Los antros y centros de baile, gastan una cantidad enorme de energía por los equipos de luz y sonido además de las pantallas de televisión, si el lugar es adecuado para albergar paneles solares es recomendable agregarlos a tu proyecto personal o empresarial.

Instalar paneles solares en los estacionamientos es una gran idea de negocio, además rentable y recomendable. Porque podrías obtener 2 entradas o ganancias, la primera de la renta de espacios de estacionamiento y la segunda por la generación de energía limpia, recuerda que mientras más espacio tengas en el estacionamiento más paneles solares podrás albergar. Esto significa utilizar de manera eficiente tus espacios para tener 2 entradas de capital diferentes pero juntas en el mismo lugar, los emprendedores y empresarios sabios entienden que la mejor manera de generar dinero es utilizar los mismos espacios adecuadamente, al igual que un restaurante que puede aprovechar el capital y las ganancias generadas durante el día y por la noche rentar el mismo espacio a un tercero lo que le genera una ganancia adicional.

Por ejemplo te explico cómo incluso se puede obtener ganancias de cada espacio de unas oficinas de manera triple. en un pequeño edificio dividido en secciones, primero se rentan espacios de oficina, en el caso del cobro del estacionamiento para los autos de dichas oficinas ya está incluido con la renta de las oficinas, pero el excedente de estos espacios de aparcamiento en los cuales se cobra por un lugar de estacionamiento, y además adicionalmente se construye un techo sobre el estacionamiento para albergar los paneles solares y se le cobra a la comisión de electricidad por cada kilowatt generado en los paneles lo que contribuye a ganancias triples de manera conjunta. Lo anterior es la verdadera optimización de espacios y recursos.

Siguiendo por el mismo camino, podrías tener doble partida de ganancias con la renta de cuartos para huéspedes si una casa la divides o acondicionas en cuartos para huéspedes además en la azotea y el patio acondicionas paneles solares. Para saber la rentabilidad de proyectos como este es necesario que atiendas primero los requerimientos primarios, también saber qué cantidad de energía es necesaria para cubrir las necesidades básicas de un hogar y si es factible adecuar paneles solares, en algunos casos no es posible obtener estos beneficios ni ganancias extras por espacio reducido para albergar paneles solares, pero pueden reducir costos de energía de manera significativa que en la mayoría de los casos es hasta un 90% del consumo total.

Las estrategias de los empresarios. ¡Cómo atraer al dinero!

Las bases para un capitalismo inteligente se determinar analizando en qué parte del espectro del capitalismo te encuentras, por ejemplo eres un fantasma, solo un numero en la nómina de tu empresa, de los que trabajan para solventar sus gastos es decir un empleado de clase media o baja, donde la economía global dicta tu ritmo y estilo de vida o te encuentras al otro lado del espectro del capitalismo, con un negocio propio o con una empresa y trabajadores que generan dinero para ti dejando que la economía personal fluya de manera constante en el rio de tu local o empresa, aumentando la expansión y crecimiento económico, en el cual formas parte de aquellos empresarios que producen dinero desde los conceptos mismos del enfoque y mentalidad diferente y única. Dejando de ser un fantasma para convertirte en empresario y líder capitalista. Si logras concentrar tu energía y tu mente en la dirección correcta el fracaso será nulo es decir prácticamente inexistente.

Cambia tu manera de pensar para cambiar tu manera de vivir, Intenta ver a la sociedad como los engranes de un reloj que tienen que trabajar juntos y en armonía. Tu mente es la maquina más poderosa que existe para generar dinero, el dinero se crea en la mente y se refleja en la realidad.

Para que la economía personal funcione como tú quieres debes elegir si eres el combustible que hace funcionar el auto, o eres el que maneja y disfruta del paisaje.

Los de mentalidad débil y conformista siempre estarán en la escala más baja de la generación y flujo de dinero justo en el lado opuesto del capitalismo inteligente, sumergidos en el espectro capitalista donde se encuentran los deudores, los trabajadores mal remunerados los deprimidos emocional y financieramente.

Los capitalistas proactivos se encuentran en la mitad del espectro pero sin poder pasar al otro lado del espectro y es fácil que caigan o regresen al mismo lugar donde salieron, una de las mejores formas de salir de ese círculo es obteniendo los siguientes propósitos.

Control financiero, Deseo de sobresalir, Liderazgo, Visualizar y entender el mercado competitivo.

Ser empleado adinerado es la peor de las ilusiones de una persona, es fácil salir y entrar de esa ilusión, la ilusión se rompe y se entra en la realidad cuando eres despedido, en pocos meses tu capital se acaba si no encuentras un nuevo empleo con una nueva ilusión de la riqueza.

Debes de saber que desde un sistema capitalista los empresarios creen que les conviene tener empleados pobres pues si todos ganaran mucho dinero la balanza financiera se inclinaría del otro lado, la empresa se haría pobre y habría empleados ricos, la empresa sé que daría sin empleados ya que un empleado rico en algún momento se vuelve independiente. Si bien esta es la forma en la que piensan muchos empresarios, yo considero que no es totalmente correcto. Ya que un empleado bien remunerado trabaja más y de mejor forma además la permanencia en la empresa es más duradera. El punto principal en cualquiera situación es encontrar un equilibrio duradero y razonable.

La enseñanza de los padres absorbidos mentalmente por la necesidad y el capitalismo global es y será siempre creer erróneamente que estudiar para ser empleado es lo adecuado y lo correcto. Si quieres romper con estos paradigmas trabaja en un sistema que genere dinero constante con el mínimo de inversión, recuerda que no es lo que haces, sino la forma en la que lo haces lo que marca la diferencia.

Tener una mentalidad y hábitos de riqueza significa cambiar tus perspectivas y acciones tradicionales para conseguir objetivos económicos. No desanimarse cuando algo no sale como se planeó tener una voluntad y perseverancia firme que son el combustible que mantiene la maquinaria de la mente trabajando, el dinero se concibe primero en la mente y se consolida después en la realidad, continua adelante luchando hasta alcanzar los objetivos, solo los que han estado de rodillas saben el esfuerzo que se requiere para ponerse de pie y seguir avanzando, Cuando las fuerzas flaquean la voluntad es el combustible y esa fuerza adicional que surge desde el interior del corazón, no rendirse es una de las bases del éxito en cualquier situación de la vida.

Emprender es como naufragar en un mar de posibilidades de negocios, debes saber el rumbo correcto para llegar a tu destino de lo contrario solo estarás a la deriva esperando tener suerte para llegar a la isla de tus anhelos. Cuando emprendes la vida no te dará lo que esperas te dará lo que trabajas, trabajar para ti y no para otros marcará la diferencia, prepara tu mente todos los días para ser una mejor persona y llénala de sabiduría, los resultados de tu esfuerzo llegarán más pronto de lo que imaginas.

La gran mayoría de los emprendedores tienen ideas frágiles que se rompen como el cristal con demasiada facilidad, debes tener ideas firmes, evita las ideas negativas de las personas a tu alrededor que son guiadas por la envidia y la ineptitud, evita comentarios de personas que solo quieren verte en la ruina. Las ideas negativas son los cuervos que devoran la visión de la mente evitando su progreso. Ten la paciencia necesaria para saber cuándo actuar y de qué manera hacerlo. La mente es una herramienta poderosa cuando se trata de generar dinero úsala sin miedo porque es mejor saber que lo intentaste a tener que vivir acomplejado por la duda. Ser un emprendedor inteligente no significa que no habrá errores simplemente se trata de reducir las probabilidades de cometer errores y aprovechar las estrategias al máximo para potenciar tu negocio o empresa, pulir día con día tus proyectos para que obtengas mejores resultados.

¡La diferencia entre el fracaso y el éxito es el esfuerzo, dedicación y la aniquilación de la pereza!

El pequeño gran restaurante de mariscos

Un conocido y pequeño local de mariscos, famoso por sus diversos platillos preparados y su excelente sabor, durante varios años atrajo a más clientes de los que podía manejar. Todos los fines de semana, el lugar estaba lleno. Al lado, había un terreno que pertenecía al mismo dueño del local. Dado el alto nivel de demanda, el propietario del restaurante decidió alquilar el terreno sin desarrollar para expandir su negocio. En pocos meses, había construido un espacio techado y amplio para satisfacer la creciente demanda de sus clientes. Con el tiempo, pudo comprar tanto el local como el terreno, consolidando su presencia en la zona.

Su reputación ya era ampliamente reconocida en el área, y no necesitaba publicidad adicional; sus clientes eran su mejor herramienta de marketing. Un día, se le presentó la oportunidad de vender todo: el local, el terreno y las instalaciones adaptadas, incluyendo mobiliario y toldos, pero conservando las recetas de sus cócteles y platillos. La oferta era demasiado tentadora para rechazarla, así que vendió su propiedad y negocio.

El lugar tenía una excelente ubicación, pero le faltaba algo que el nuevo dueño no supo descifrar para conservar a los comensales. Durante un tiempo corto, los clientes se mantuvieron, pero después la clientela comenzó a disminuir. Meses más tarde, el chef que había vendido su negocio compró justo en la calle del frente una propiedad de dos pisos que acondicionó para convertirla en su nuevo restaurante de mariscos. Con espacio suficiente para sus clientes, acondicionado y una vista envidiable desde el segundo piso, en cuestión de semanas el nuevo restaurante estaba abarrotado de clientes.

Como era de esperarse, la competencia del frente hizo que el antiguo local de mariscos viera disminuir considerablemente sus ventas. La persona que compró el local miraba desconcertada cómo los clientes se le iban poco a poco al nuevo restaurante, donde el chef conocido se encontraba a solo unos metros cruzando la calle. Jamás esperó que la competencia viniera de la misma persona que le vendió el local. En pocos meses, cerró definitivamente. Fue una dura lección que nunca olvidará.

Las enseñanzas que nos deja esta situación son tanto buenas como malas. Primero, moralmente, la acción fue deshonesta, aunque no infringió ninguna ley. Segundo, la gente tiende a seguir lo que conoce; la fama es indispensable cuando se enfrenta a una competencia directa.

No recomendaría realizar algo similar, pues la honestidad y los principios morales deben estar presentes en todo momento. Además, las personas son caprichosas cuando se trata de gustos gastronómicos y tienden a seguir lo que conocen. Antes de arriesgarte, evalúa los pros y los contras.

  Para tu primer restaurante, si estás por adentrarte en el delicioso arte gourmet, tu primera herramienta es la apariencia de tu local y su ubicación. La ubicación es fundamental, así como el tipo de buffet o platillos que ofrecerás. La segunda herramienta, sin duda, es conquistar al consumidor a través del paladar. La calidad debe ser excelente; en cuanto al precio, puede ser debatible dependiendo de la zona. Las personas pagarán en función de la calidad y el servicio que ofrezcas.

Además, considera desarrollar aplicaciones móviles para ventas a través de dispositivos como celulares o *tablets*. Hay miles de ideas innovadoras. Por ejemplo, el mundo de las aplicaciones para dispositivos móviles ha experimentado un crecimiento enorme y ofrece una valiosa herramienta para expandir un negocio en línea. Puedes crear una aplicación para recetas de cocina, donde los usuarios puedan descargarla de forma gratuita durante algunas semanas. Luego, podrías ofrecer un servicio de suscripción mensual, por ejemplo, de un dólar, con cargos recurrentes, brindando nuevas recetas de cocina semanalmente.

Tu capacidad para generar ganancias radica en la publicidad dentro de la aplicación, donde se incluyen anuncios de tus productos y marcas promocionadas. En la gran mayoría de los casos, el primer sentido de los seres humanos que se involucra en la compra de cualquier producto es la vista. Con tecnología de punta y televisores grandes en tu restaurante, junto con menús visuales en el lugar, este se volverá más atractivo. Asimismo, contar con una página web con paisajes visuales y recorridos virtuales te brindará excelentes posibilidades de éxito. Entonces, tus ganancias provendrían de diferentes fuentes: las ventas físicas en tu restaurante, las ventas en línea (es decir, ventas por internet), la publicidad de marcas y la suscripción a la aplicación o página web.

Tomemos como ejemplo a las mujeres embarazadas como una oportunidad de negocio real. La mayoría de ellas necesitan una plataforma especialmente diseñada para ellas, donde puedan recibir información sobre cómo llevar su embarazo de forma adecuada. Esto incluye actividades como yoga para embarazadas y cuidados durante y después del embarazo, sin adentrarse en aspectos médicos que solo pueden ser proporcionados por médicos y especialistas. El enfoque para este tipo de negocio debe ser general en cuanto a sus hábitos y actividades diarias. Se pueden agregar videos relacionados con la salud emocional, ya que las embarazadas experimentan muchos cambios hormonales que afectan su bienestar emocional.

La estrategia comercial en este tipo de plataformas o páginas de ventas en línea se centra en ofrecer productos específicos para embarazadas, como ropa y accesorios para el bebé. Toda la información y los videos de apoyo emocional y de salud deben ser gratuitos, ya que tus ganancias provendrán de las ventas en línea. Las tiendas en línea están teniendo un gran éxito en las ventas y representan una excelente oportunidad de negocio. Puedes publicar los productos en la página web y ofrecer opciones de pago con tarjeta de crédito o en efectivo al momento de la entrega del producto en el domicilio. Aquí puedes vender productos de terceros o tus propios productos. Te recomiendo que incluyas una aplicación móvil para tu tienda, lo que facilitará aún más las compras para tus clientes.

Puede parecer algo complejo, pero si sigues los procedimientos y técnicas que he compartido a lo largo de este libro, junto con los que se presentan más adelante, te aseguro que verás con mayor claridad cómo convertir un proyecto en una realidad. Es crucial considerar los distintos aspectos económicos, de mercadotecnia y estratégicos para llevar a cabo tu proyecto.

En primer lugar, es fundamental captar la atención del cliente ofreciéndole lo que realmente necesita y, además, lo que su mente desea. Las necesidades básicas son esenciales, pero los deseos de la mente también son importantes y pueden influir en la toma de decisiones de compra.

Existen diversos métodos para fomentar la creatividad, y cada individuo puede emplear sus propias técnicas según su enfoque o visión empresarial. Es importante ejercitar la mente para potenciar la creatividad.

Por ejemplo, en mi caso, seguí el siguiente proceso:

1. Imagina un producto y plásmalo desde tu mente hasta un diseño en computadora o en papel.
2. Realiza un análisis y ajustes al diseño. Muestra el diseño a personas cercanas involucradas en el proyecto y solicita sus opiniones. Si es necesario, aplica cambios al diseño.
3. Lleva a cabo la realización del diseño en su forma física. Elabora muestras y promociónalas, asegurándote de que el producto saldrá tal como lo planeaste.

Aplicando estos principios, mi creatividad dio lugar a un cunero en el que busqué que fuera diferente a los existentes en el mercado. Utilicé un software en 3D para diseñarlo, empleando una malla de tela resistente contra los insectos. Además, aseguré que fuera desmontable y fácil de armar, utilizando materiales como madera o plástico.

Las desventajas de los productos

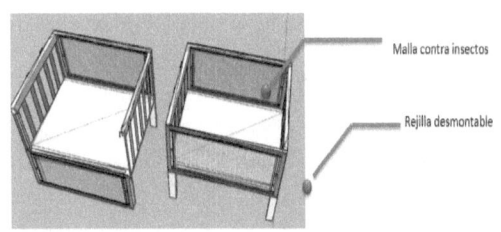

Malla contra insectos

Rejilla desmontable

La primera desventaja es que la malla contra insectos no tiene el soporte suficiente para sostener el peso del bebé, por lo que se requirió agregar barrotes a una distancia prudente. La segunda es que no era fácil desmontar la parte frontal. La tercera desventaja era la falta de accesorios que podrían aumentar el interés del comprador.

Por ejemplo, la falta de una cajonera para guardar la ropa del bebé o los juguetes. Aunque incorporar más elementos aumentaría el costo del producto, también incrementaría el costo de producción por razones obvias. No solo se trata de que el producto sea innovador; también debe satisfacer necesidades y cumplir con un estándar de calidad cuando se busca tener ventas a gran escala. La idea es ofrecer al cliente algo innovador y de calidad, y si además se le brinda comodidad, diseño y beneficios adicionales, será más rentable y tendrá mayores probabilidades de éxito.

Si este cunero se pusiera a la venta sin considerar cambios basados en las observaciones realizadas, es posible que se vendiera, pero estaría limitado y presentaría fallas en la calidad del producto, lo que podría hacerlo no rentable a corto plazo.

El diseño tuvo algunos cambios estéticos, pequeñas variaciones que no afectaron en principio la forma básica. Una vez que el diseño prototipo esté terminado, es importante valorarlo, rediseñarlo y agregar varios accesorios para hacerlo diferente de los demás cuneros, añadiendo así valor e innovación al producto.

A este diseño se le agregaron posteriormente accesorios y juguetes que ayudan a promover el producto. Se incorporó una Tablet con un software especial que incluye videos y música para bebés. El diseño tuvo algunos cambios estéticos, pequeñas variaciones que no afectaron en principio la forma básica, lo que hace más rentable un negocio como este. Si no se incluyen imágenes del diseño, es difícil que al momento de producirlo salga como se espera, ya que cada persona podría interpretarlo a su manera.

El cunero posteriormente tuvo nuevas modificaciones. Una vez terminado, se considerará producirlo en serie con otros tipos de materiales resistentes, livianos y de fácil armado. El diseño final se mostrará más adelante, considerando que un producto puede tener todos los cambios necesarios hasta convertirse en lo esperado y ser rentable para su venta.

Después de la fase creativa y de imaginación, los siguientes análisis se enfocan en los costos, la comercialización y la publicidad. Se incluyen los costos del diseño de prueba y el costo aproximado del diseño en producción en serie, así como la validación de tipos de materiales, entre otros aspectos.

Si quieres que tu negocio tenga éxito, te recomiendo buscar un socio estratégico que te ayude a promover tu producto. Este socio puede participar en la etapa de producción o agregar algún beneficio para ambos. Por ejemplo, si tu negocio es fabricar cuneros, una alianza con un empresario o negociante de prendas o ropa para bebé sería un aliado perfecto. La forma en que pueden conjuntar sus negocios es muy variada, pero esta sociedad ayudará a vender productos para ambas empresas. Pueden promocionar en conjunto o por separado los productos a través de diferentes medios, como las redes sociales e internet. También podrías incluir en tu tienda de cuneros ropa para bebé y artículos como juguetes y accesorios para los cuneros, creando así un círculo mercadológico.

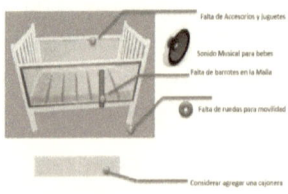

Alguna vez te has preguntado:

¿Qué es mejor: diseñar o vender?

Ser un genio inventor o un genio vendedor son dos habilidades de la inteligencia humana; son habilidades diferentes pero necesarias. En algunos casos, el inventor o diseñador no obtiene las mejores ganancias. Es el empresario que comercializa estos inventos quien saca mayor provecho a costa del inventor. Si el inventor no tiene su producto bien definido y patentado, solo recibirá migajas de las millonarias ganancias. Entonces, ¿quién es más inteligente: el que diseña o el que vende?

Como expliqué antes, son dos talentos y habilidades diferentes. Genéticamente, uno puede ser superior para diseñar e inventar artículos útiles para el consumidor. Sin embargo, el magnate empresario es más hábil para ponerlos a la venta en el mercado. Nacen con este talento, con una mente brillante y audaz para hacer negocios exitosos. Con la práctica, tú o cualquier persona puede desarrollar estas habilidades. La práctica desarrolla la inteligencia, brinda experiencia y te llena de conocimientos.

¡Actuar como Millonario no te hace Millonario, emprender con sabiduría sí!

Tu pastelería ideal

Quizás uno de tus grandes sueños sea la repostería, un negocio de pasteles, postres, gelatinas, galletas, etc. El problema que enfrentan la mayoría de las personas que desean emprender un negocio como este es su falta de conocimiento sobre el tema. Implica invertir una gran cantidad de recursos mercadológicos y económicos. Al igual que en los anteriores negocios, lo ideal es:

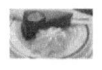

Primero, realizar un estudio de mercado en la zona donde deseas establecer tu pastelería. Esto implica un análisis de las probabilidades de ventas y un excelente marketing utilizando la tecnología y las redes sociales a tu favor. Crea tu página web, imprime promociones en tarjetas con códigos QR que enlacen directamente a la página con promociones y pedidos, y ofrece compras online a través de la aplicación móvil.

Una de las filosofías que utilizo para explicar cómo funciona la mercadotecnia es la del pescador en el lago. Es simple pero efectiva: el pescador lanza su carnada y espera pacientemente a que un pez muerda el anzuelo. No obstante, solo tiene una caña de pescar, por lo que debe esperar a que un pez sea atrapado para poder sacarlo. Luego lanza otro anzuelo y espera nuevamente. En estas circunstancias, solo necesita una caña de pescar porque sus necesidades no son demasiadas; su necesidad abarca de 8 a 12 peces por día. Aun así, debe encontrar una zona específica del lago donde haya mayores posibilidades para su pesca. Pero en ese mismo lago hay más pescadores y están mejor ubicados, entonces sus posibilidades disminuyen y su tiempo en el lago aumentará para tratar de conseguir su cuota diaria. Entonces, lo que deberá hacer es cambiarse a una zona mejor ubicada, lanzar más señuelos para aumentar sus posibilidades. Poco tiempo después, llegan más pescadores y, al cabo de unos meses, los peces se van agotando por la explotación descontrolada de los pescadores. En ese momento se crea una sobre demanda y poca oferta, los peces se venden a mayor precio por la escasez.

La rentabilidad de este oficio para el pescador es muy baja. Con esta analogía, definimos un negocio de taxis en una ciudad. Los peces son las personas y los pescadores los taxistas. Si hay demasiados taxis, implica que los taxistas trabajarán más horas para conseguir peces y tendrán que viajar mayores distancias para conseguir más clientes. Además, sus precios se elevarán por diversos factores, incluido el gasto de gasolina, ocasionando un descontrol económico para todos.

El empresario hábil y astuto tiene muchos pescadores con anzuelos (autos) en diferentes partes del lago, es decir, tiene innumerables taxistas trabajando para él en toda la ciudad. De manera que los empresarios buscan incansablemente obtener ventajas de cualquier tipo de negocio. Los empresarios en esta situación no pierden, no importa si sube la gasolina o si el taxista trabaja más horas, la cuota que el empresario le pide al taxista es la misma.

Ahora te mostraré cómo funciona la mente de los compradores. Hace algunos años, se realizó un experimento para una compañía de jugos envasados en cajas tetra pack con la idea de mejorar las ventas mediante un buen marketing. Según el análisis, el producto era bueno, pero el logotipo y la presentación no eran los ideales; en pocas palabras, eran deficientes. Se diseñaron tres modelos de empaque totalmente distintos y el lanzamiento final del producto sería elegido por el público. Nos establecimos en lugares diferentes, divididos en grupos, y se presentó el producto al consumidor, abordando a la gente para que eligiera uno de los tres. En promedio, del 100% de las encuestas realizadas, el 61% se inclinó por el empaque B.

A   B   C

Todas las personas encuestadas se registraban en una planilla con nombre, sexo y edad, así como el empaque de su elección. Momentos después de elegir, se les comunicaba que uno de los tres empaques contenía 10 dólares y, de cada 10 personas, 9 cambiaban de opinión y elegían otro. Entonces, ¿por qué eligieron el producto B? La respuesta es que el producto B contenía un mejor contenido visual y era uno de los sugeridos por el marketing empresarial.

Antes de cambiar de elección el 61% de las personas eligieron el producto B con muestra gratis, el 22% eligió el producto C que contenía los 10 dólares, y el 17% eligió el producto A sin ninguna promoción o premio. ¡LA GENTE MIENTE, PERO EL DESEO NO! El análisis exhaustivo mostró datos relevantes de este hecho. La realidad es que las personas solo eligen al azar cuando se sienten con la responsabilidad de elegir un producto. Otra perspectiva diría que la gente no sabe lo que quiere, pero no es a la parte consciente sino a la parte inconsciente con la que hay que conectar para vender un producto. La parte consciente analiza las propiedades y cualidades del producto, mientras que la parte inconsciente activa el deseo visual con imágenes, colores, texto e incluso sonidos. En la elección de un producto, la mayoría de las veces el deseo es mayor, ya que el cerebro es más emocional que racional cuando se trata de productos de compra venta. Si logras combinar ambas, tu producto será atractivo y competitivo.

¿Cuál es el mejor momento para emprender?

El mejor momento es cuando decides hacerlo realmente, sin ataduras psicológicas del miedo al fracaso o pretextos vanos que minan tu confianza.

Realízate estas preguntas: ¿Cuál es mi talento? ¿En qué lo voy a enfocar? ¿Cuál es mi plan de negocio? ¿Qué necesito para llevarlo a cabo? Una mente positiva es valiosa, pero la estrategia es aún mejor. Tu mentalidad positiva debe transformarse en una mentalidad propositiva. Al final, tu mente será audaz y emprendedora. No hay una fecha establecida para emprender, pero no esperes demasiado, porque cuando pasa mucho tiempo, las ganas de emprender se desvanecen, la ilusión se esfuma, los ánimos decaen y las fuerzas flaquean. Todo queda en un "tal vez" o en "qué pasaría si emprendiera".

Un emprendedor apático y flojo es como una semilla sin tierra y sin agua; jamás Crecerá ni dará frutos. La diferencia entre un emprendedor bueno y uno malo radica en que el buen emprendedor se compromete con su proyecto de principio a fin. No le teme a los errores, aprende de ellos. El mal emprendedor simplemente intenta y luego desiste al encontrar un obstáculo. Que las cosas no salgan como se planeó en los primeros intentos no es realmente un fracaso; es simplemente la oportunidad de mejorar rumbo a la excelencia. Muchos emprendedores han tenido tropiezos en sus comienzos, pero su perseverancia los ha vuelto exitosos.

Algunas veces tendrás contratiempos, pero no debes desistir en tu camino. Sigue adelante sin titubear. Analiza y vuelve a analizar si hay algo que estés haciendo mal o si hay algo que puedas mejorar logística u operativamente. Un empresario que cae en la ruina y la pobreza tiene mayores posibilidades de volver a ser millonario, incluso estando en la bancarrota, por varias razones simples: el conocimiento adquirido durante su formación empresarial, su desenvolvimiento en su entorno, su habilidad para ver oportunidades de negocio, su visión emprendedora, sus contactos valiosos, socios estratégicos e inversionistas, conocimiento de información interna y externa, y una gran habilidad para las relaciones interpersonales, es decir, la comunicación y la empatía con las personas. A este conjunto de factores se les llama vínculos sociales para la capitalización y experiencia.

Errores comunes al emprender

¡Aprender de los errores es bueno no equivocarse es mejor!

Tener un inventario de uno o varios productos que nadie conoce, con cero ventas y cero clientes, es un error grave pero muy común. Es más importante, antes de querer vender, tener contactos estratégicos que podrían convertirse en clientes o proveedores de tu producto en un futuro cercano. Ser optimista es bueno, pero debes tener en cuenta la realidad y evaluar el potencial de tu producto y su posible impacto. Un buen comienzo es no tratar de abarcar demasiado. Por ejemplo, si quieres ofrecer diseños de ropa, enfocarte en hacer muchos diseños y llenarte de inventarios sería el error antes mencionado.

¡Tener un inventario sano, es una empresa sana generando ganancias diariamente!

A veces, intentamos empezar de la manera equivocada. En principio, es importante no tener demasiados activos. Con tus primeros diseños, involúcrate en conseguir contactos. Las redes sociales son un potencial enorme para tu empresa, especialmente cuando apenas estás comenzando. En estas redes sociales, puedes crear páginas empresariales donde promocionas tu empresa o negocio con imágenes y videos. Estas páginas se promocionan con todos tus contactos en redes sociales y también tienes la opción de hacer publicidad utilizando diversas herramientas que ofrecen estos medios. La mejor forma de hacer publicidad es de manera escalonada. No utilices todo el recurso o capital destinado para este fin de una vez; hazlo de manera planificada.

¡Errores de publicidad!

Hacer que las personas elijan tu producto en lugar de elegir otros es complejo. La gente no se arriesga fácilmente por algo que no conoce. Una forma de contrarrestar esto es atraer su atención con algo innovador que les dé la impresión de ser mucho mejor de lo que ya conocen, junto con una oferta atractiva que no puedan rechazar, activando su subconsciente de comprador. El deseo triunfa sobre la razón. Para evitar caer en errores de marketing y evitar el flujo de clientes de una sola compra, preocúpate por conseguir clientes fijos o recurrentes antes que cualquier cosa. Analiza las posibilidades del mercado y no trates de convencer a la gente de que tu producto o servicio es mejor que la competencia, sobre todo si la competencia es un gigante en la industria. Creer que sabes lo que el cliente necesita no necesariamente lo convierte en una verdad. Recuerda que la gente miente, pero el deseo no. El deseo es transparente.

Por ejemplo, si realizas una encuesta, la gran mayoría de las personas aman las ofertas y descuentos. Solo basta con ver en los supermercados. Siempre van con la genuina intención de ahorrar, pero sin pensarlo, el dinero ahorrado en ofertas se gasta en productos innecesarios que no pretendían comprar, y terminan gastando más de lo planeado. Es una ley de atracción para el consumidor y funciona de manera excelente para los vendedores.

En las ofertas o descuentos actualmente se manejan tres conceptos:

1. **La oferta ficticia o falsa:** por ejemplo, un televisor con un valor original de 500 dólares. El vendedor aumenta el precio a un porcentaje relativo del 50%, es decir, a 750 dólares, y luego anuncia una promoción con un descuento del 40%. El televisor queda, al final, con un valor de 450 dólares, lo que representa solo un descuento de 50 dólares respecto a su precio original. En realidad, el 40% de descuento es solo un engaño y una ilusión.

2. **La oferta basada en productos almacenados sin ventas:** es necesario vender a precios bajos para liberar espacio para nuevos productos y recuperar la inversión antes de que se vuelvan obsoletos y se devalúen aún más. Es en este punto cuando los precios de los productos bajan y atraen a los clientes con descuentos.

3. **Oferta adicional:** aunque la oferta sea buena, estarás sujeto a comprar no solo el artículo en oferta, sino también otros productos, lo que genera compras masivas por parte de los clientes, superiores a una venta normal, lo que resulta en altas ganancias para las tiendas.

En tu negocio o empresa que venda cualquier tipo de productos, tu misión es poner a disposición del cliente ofertas reales para posicionar tu empresa o marca y tener numerosas ventas que se traduzcan en ganancias superiores a las normales.

Negocios posibles ¿cuál es el más rentable?

La mayoría de las veces, cuando se intenta emprender, se tiene la creatividad para desarrollar artículos o productos, pero al no contar con la maquinaria necesaria para producirlos, se convierte en un problema monetario poder realizar las primeras producciones. Si realmente deseas emprender, esto no debería ser un impedimento para tus metas. En estos casos, es aconsejable que un tercero realice la producción. En esta etapa, no se invierte en maquinaria, ni se debe mandar a producir demasiado inventario. Tampoco debes tener demasiados diseños; enfócate en los más destacados. Del total a invertir, capitaliza un 50% en gastos de productos y un 10% para publicidad. Si quieres ahorrar en publicidad, utiliza las herramientas de las redes sociales. No busques con afán que tu negocio sea mejor que la competencia; en lugar de eso, asegúrate de que sea auténtico, y de esta forma marcará la diferencia. Los beneficios adicionales llegarán como consecuencia de tus estrategias de negocios.

¿Cómo ganar dinero y fortuna en *Amazon?*

Amazon es una de las plataformas más utilizadas en todo el mundo. Es una fuente inagotable de ventas en línea. Con una buena estrategia, puedes generar ingresos superiores y vivir cómodamente. Es literalmente una mina de oro en ventas en línea. Miles de personas en todo el mundo son usuarios activos de compra y venta en esta plataforma. Desde la venta de pequeños artículos hasta la creación de empresas sustentables y rentables, *Amazon* ofrece un amplio espectro de posibilidades. Se considera un portafolio financiero muy rentable y escalable. De hecho, *Amazon* es el mayor Marketplace del mundo.

La sabiduría es un estado mental que llega con la experiencia y los años. Al igual que las personas aprenden a conducir un auto con práctica y experiencia, aprenderán a gestionar una empresa con el tiempo y la práctica diaria. Trabaja diariamente para alcanzar un objetivo a la vez, avanzando luego al siguiente paso con pasos firmes.

Primero, concéntrate en vender a cientos de personas. Luego, tu segundo objetivo será vender a miles. Una vez que alcances este nivel, podrás aspirar a tu objetivo más alto: vender a millones de personas. Tus ventas dependerán del producto que ofrezcas, su precio y la publicidad que realices. Es posible que tengas una tienda online además de vender en *Amazon.* Cuantas más redes de ventas tengas, mayores serán tus ganancias y tus probabilidades de éxito. Esta es una gran oportunidad para que la gente conozca tus productos. Los productos o artículos que promociones pueden pertenecer a diferentes categorías.

Las ventas de *Amazon* en 2020 alcanzaron aproximadamente los 265 mil millones de dólares. Es fundamental comprender cómo funcionan las ventas en esta plataforma. Amazon puede describirse como un gigantesco centro comercial en línea a nivel mundial, donde prácticamente puedes encontrar cualquier producto que necesites comprar.

Es importante tener en cuenta que la mayoría de los productos en *Amazon* no pertenecen a la tienda misma, sino que son ofrecidos por terceros. Muchos de estos productos son vendidos por pequeñas empresas o emprendedores desde sus hogares. Sin embargo, para promover tus productos en este entorno competitivo, es crucial que sean competitivos.

Por ejemplo, si eres una microempresa que vende equipos móviles y accesorios, debes considerar que tus competidores también pueden adquirir productos al por mayor. Si intentas competir con precios similares, es probable que pierdas en rentabilidad. Por lo tanto, antes de comenzar, visualiza tu negocio, determina tus costos y precios de venta, y realiza una comparativa de precios en productos similares en *Amazon*.

Realiza una comparativa de ganancias. Si los precios de tus productos tienen que ser demasiado altos para obtener ganancias, entonces, antes de comenzar, estarás en desventaja. Busca proveedores que te ofrezcan precios bajos. Recuerda que sin una estrategia sólida, tus productos no se venderán, incluso si inviertes capital en publicidad. El truco en este tipo de ventas en línea reside en las ofertas, las cuales deben ser genuinas. No intentes estafar o engañar con ofertas falsas. Por ejemplo, en muchos casos, se ofrecen "ofertas" en las que te regalan otro producto, pero al revisar el costo individual de los productos, resulta ser que no hay diferencia. En realidad, no hay ningún regalo o promoción.

Para ofrecer una verdadera promoción, te mostraré un método inusual pero altamente efectivo. Por ejemplo, si vendes celulares, tu margen de ganancia debería oscilar entre el 18% y el 25%, dependiendo del precio de compra. Sin embargo, no siempre es posible alcanzar este porcentaje. En la mayoría de los casos, solo obtienes un margen del 10% al 12%. Un error común es ofrecer un accesorio promocional a un precio superior al que se vende individualmente. En este caso, el accesorio promocional será una batería de respaldo, también conocida como *Power Bank*, aunque podría ser cualquier accesorio o complemento relacionado con el producto que estés vendiendo, como audífonos, porta celulares, relojes, llaveros, carteras, unidades USB, bolsos, estuches, camisetas, brazaletes deportivos, etc.

Para que la promoción sea efectiva, debes ofrecer el producto complementario al posible comprador al precio de compra de fábrica o al precio del proveedor, e incluso rebajarlo un 2% más barato de lo que te cuesta a ti. Aunque para muchos pueda parecer un mal negocio perder dinero en un producto, el secreto de esta estrategia radica en las ventas a gran escala. Considerando, por ejemplo, que el celular te cuesta 100 dólares y le añades un 25% más los impuestos y los gastos de marketing, el costo de venta del celular será aproximadamente de 142 dólares. Sin embargo, al accesorio o producto promocional no se le añadirá ningún margen de ganancia. Esta técnica, particularmente, ha resultado efectiva para mí.

Tu tarea es manejar los márgenes de precios y ganancias y ajustarlos para que la oferta sea tentadora para el comprador en línea, generando así confianza y aumentando tus posibilidades frente a tus competidores directos. Es importante no publicar promociones poco atractivas. Algunas promociones que no debes ofrecer incluyen plumas, cuadernos y pulseras, ya que realmente no resultan convenientes y no encajan en una promoción. Puedes considerar incluirlos como obsequios adicionales para recibir buenas opiniones en tu página de *Amazon*, pero no como parte de una promoción.

Estas técnicas pueden aplicarse en una variedad de plataformas de *Marketplace*, como *Facebook*, *Mercado Libre*, tu página web de negocios, entre otras. No te limites a un solo lugar.

Ejemplo de una venta *Amazon*:

La competencia ofrece una computadora portátil a 563 dólares (aproximadamente 11,250 pesos mexicanos), mientras que tú decides publicar el mismo modelo con una promoción a 580 dólares (aproximadamente 11,596 pesos mexicanos). Con tan solo 17 dólares más, el cliente recibe una mochila y una memoria USB de 64GB. Es posible que esta estrategia reduzca ligeramente tu margen de ganancia, entre un 3% y un 5%, pero es importante recordar que el enfoque está en las ventas a gran escala. Tus ganancias dependen de adquirir los productos a un precio bajo y venderlos a un precio justo.

¿De dónde proviene esta estrategia comercial?

Grandes empresas utilizan estrategias similares, como la industria refresquera que ofrece un refresco de cola y regala otro producto similar, o incluye estampas de papas adicionales dentro del paquete. También es común ofrecer una impresora de regalo al comprar una laptop. Estas ofertas incentivan a los consumidores a comprar esperando recibir un premio, regalo o promoción. Siguiendo estos principios, puedes diseñar tus propias promociones de acuerdo con tus capacidades, necesidades comerciales y logísticas.

Antes de vender cualquier artículo, es fundamental evaluar su rentabilidad. Los porcentajes que menciono son aproximados y se basan en datos estadísticos. Sin embargo, esto no significa que necesariamente obtendrás los mismos porcentajes de reducción de costos o de ganancias. Estos valores dependerán del precio que te ofrezca tu proveedor.

Si buscas aumentar la rentabilidad, te sugiero considerar la opción de vender tu propia marca. Por ejemplo, podrías fabricar las mochilas que ofrecerás como parte de la promoción al comprar la laptop, ya sea produciéndolas tú mismo o encargándolas a un tercero. La fabricación no siempre es costosa; existen empresas que realizan producciones desde tan solo 5 piezas a un costo accesible. Aunque algunas empresas pueden requerir pedidos más grandes, es importante buscar la compañía adecuada. Además de opciones como *AliExpress* y *Alibaba*, también te recomiendo explorar empresas locales para vender tú propia marca. En muchas de estas empresas, los costos de producción son significativamente más bajos, lo que podría llevarte a ahorrar hasta un 70% en los costos de producción de tu producto.

Invertir en un negocio a largo plazo es clave. Concéntrate en vender en tu país inicialmente y, dependiendo de los resultados, considera la posibilidad de expandirte a otros países. Recuerda que el producto principal es el anzuelo o atractivo para el consumidor, mientras que los otros productos ofrecidos como parte de la promoción se consideran complementarios.

Deja atrás el miedo y únete al mundo del emprendimiento. Vender en *Amazon* es una opción rentable y escalable. Además, tienes la flexibilidad de ajustar tu presupuesto de publicidad en cualquier momento. En otras palabras, tienes diversas opciones para promocionar tu producto. Si deseas acelerar las ventas, puedes invertir capital para asegurar la visibilidad de tu producto en las primeras páginas de búsqueda. Sin embargo, es importante tener en cuenta que no todos son aptos para vender en *Amazon*. Debes comprender y estudiar el mercado del producto que planeas vender, así como los costos y los márgenes de ganancia. La buena noticia es que puedes comenzar con poco capital y solo unos pocos artículos. Luego, puedes monitorear tus ventas y cancelar en cualquier momento, si así lo decides.

Los pasos para comenzar son sencillos y la misma plataforma te guiará a través del proceso. Primero, debes registrarte como vendedor en *Amazon Seller Central* y proporcionar la documentación necesaria para poder vender. Esto incluye información sobre facturación y depósito bancario. Luego, completa los formularios de los productos que deseas vender. Una vez registrado, selecciona y carga tus productos en la plataforma.

Selecciona el tipo de campaña

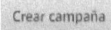

Sponsored Products

Promociona productos a los compradores que buscan activamente con palabras clave relacionadas o visitan productos similares en Amazon.

Continuar

Amazon ofrece una estrategia de publicidad llamada campaña publicitaria (Amazon PPC), que ayuda a aumentar la visibilidad de tus productos en las páginas principales de la plataforma. De lo contrario, tus productos podrían quedar relegados a las últimas páginas y ser poco visibles. Es importante tener en cuenta que la mayoría de las ventas se realizan en las primeras 5 páginas de búsqueda. En *Amazon Seller*

Central, busca la pestaña de publicidad y luego haz clic en "Campaign Manager" (Administrador de Campañas) para crear una nueva campaña. Elige "Sponsored Products"

Productos patrocinados para comenzar

Para comenzar con los Productos Patrocinados, en la primera parte de la configuración deberás ingresar el nombre de la campaña, así como la fecha de inicio y fin. Esto determinará la duración de tu campaña y tu presupuesto diario. La mayoría opta por un presupuesto de 5 euros al día. Cada vez que un usuario hace clic en tu publicación, se convierte en un posible cliente. La plataforma posicionará tu producto entre las primeras páginas y solo te cobrará cuando el usuario haga clic en tu producto para ver la publicidad y lo que ofreces. Puedes modificar la fecha y el presupuesto en cualquier momento.

Existen dos formas de segmentar tu producto: manual y automática. Estos segmentos son la manera en que *Amazon* posiciona tu producto utilizando palabras clave específicas que los usuarios buscarán en las páginas de *Amazon*. Algunas palabras clave podrían incluir:

- Laptop
- Computadora portátil
- Computadores wi fi
- Pc portátil
- Ordenador portátil

Es importante lanzar tanto una campaña manual como una automática para cada producto, lo que aumentará tu visibilidad en el mercado web. En la sección de productos, agrega todos los productos que desees promocionar en *Amazon*.

Después de agregar tus productos, la plataforma te ofrecerá opciones de puja, que incluyen:

- Pujas dinámicas solo para reducir
- Pujas dinámicas para aumentar y reducir

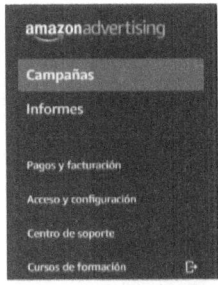

En la opción de puja dinámica solo para reducir, se disminuye automáticamente la puja cuando la probabilidad de compra es baja. El sistema de *Amazon* utiliza algoritmos para predecir la probabilidad de compra de tu producto, gestionando así tu presupuesto de manera eficiente.

En las pujas dinámicas para aumentar y reducir, la publicidad se ajusta según la probabilidad de compra, aumentando o disminuyendo hasta alcanzar el máximo de tu presupuesto diario. También puedes optar por pujas fijas, que no aumentarán pero tampoco se reducirán.

Puedes acceder a un informe detallado que incluye las visualizaciones de tus productos, los gastos de tus publicaciones, las ventas totales, así como la cantidad de clics que han recibido y las veces que los usuarios han visto tu producto, entre otros datos relevantes. Es importante destacar que todas las campañas pueden pausarse y activarse en cualquier momento, brindándote flexibilidad en la gestión de tu estrategia publicitaria.

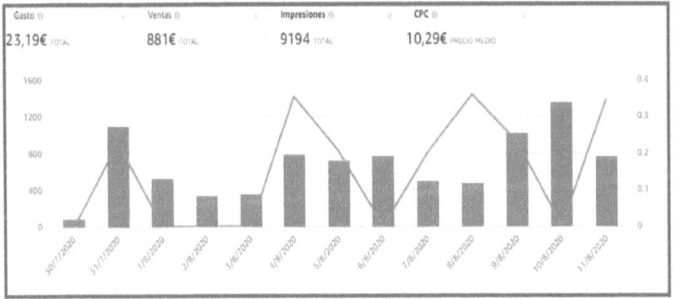

Además, es recomendable generar otros paquetes de productos similares a los que ya tienes, pero con algunos cambios mínimos. Esto te permitirá competir contra tus propios productos y reducir la competencia. Incluso si los clientes optan por comprar otro producto de tu misma línea, seguirás obteniendo ganancias de todas formas.

Brincolandia
¡El riesgo que todo emprendedor y empresario debe correr!

Agradezco que me hayas acompañado hasta este punto, antes de pasar al capítulo 3 te comparto de forma breve la parte final de la historia que cambio mi vida.

Un día recibí una llamada de mi buen amigo Alberto. Al principio, pensé que era solo para saludar, pero la angustia en su voz y sus palabras entrecortadas evidenciaban un estado de desesperación. No entendía cuál era la razón de su llamada qué lo estaba preocupando tanto. Traté de calmarlo, pero parecía no escuchar mis palabras. Finalmente, cuando logró articular sus pensamientos, le pedí que se tranquilizara y me explicara con calma lo que estaba pasando.

Sin embargo, Alberto me dijo que no podía dar detalles por teléfono y que sería mejor vernos en persona. Solo mencionó que estaba al borde de la quiebra. Acordamos reunirnos dos días después de esa llamada. La reunión tuvo lugar en su casa, una impresionante residencia ubicada en las zonas residenciales de Zapopán. Con su fachada elegante, un jardín enorme, una amplia sala, un despacho decorado con buen gusto, varias habitaciones e incluso una habitación adicional para huéspedes, además de una alberca y un área grande para fiestas y reuniones con asador y mesas de madera techadas, era un lugar muy cómodo y acogedor.

Al llegar, fui recibido por Alberto en la entrada, y nos dirigimos al comedor donde su familia me esperaba. Saludé a su esposa y a sus hijos, a quienes ya conocía, aunque faltaba su hijo mayor. Durante la comida, no se mencionó nada sobre la llamada que Alberto me había hecho, aunque noté cierta tensión entre ellos. Después de comer, nos dirigimos a su despacho, donde finalmente Alberto comenzó a contarme sobre los problemas que lo estaban afectando.

Aunque Alberto parecía más tranquilo que durante nuestra conversación telefónica, aún se le notaba la angustia, difícil de disimular. Me detalló uno a uno los problemas más complicados que enfrentaba. Comenzó hablando de su fábrica de ropa, especializada en prendas de vestir, deportivas y textiles, que se encontraba al borde de la bancarrota. Años atrás, su empresa había experimentado un declive debido a la entrada masiva de ropa de origen chino y de otros países, con precios muy bajos. La competencia había reducido sus ganancias drásticamente, dejándolo luchando por sobrevivir.

Para empeorar las cosas, uno de sus hijos mayores, encargado de una empresa de transporte multinacional, se encontraba en graves problemas legales. Se le acusaba de posibles fraudes a los socios y malversación de fondos, lo que había provocado un desfalco millonario. Ante esta situación, Alberto se vio obligado a vender la mitad de su fábrica de textiles y una de sus tres casas, solo para cubrir una fracción del desfalco.

Además, el contador de la empresa, directamente involucrado, había huido del país y aún no había sido localizado. Jonathan, el hijo mayor de Alberto, se encontraba cada vez más atrapado en una red de problemas. Alberto pagó una suma considerable para sacarlo temporalmente de la cárcel, pero el proceso legal continuaba. Los socios, en medio de la investigación, exigían justicia y la restitución de su capital.

Por si esto fuera poco, Alberto y su esposa Dayana estaban en proceso de divorcio. Ella, al parecer, no tenía intenciones de renunciar a sus bienes ni a su dinero, incluso en beneficio de su propio hijo. Estas complejas situaciones generaron una serie de dificultades adicionales. La empresa tuvo que despedir a más de la mitad de sus empleados, y sus ganancias disminuyeron drásticamente, manteniéndose a flote únicamente gracias a las reservas de capital de Alberto. Sin embargo, estas reservas no durarían mucho si la situación no mejoraba.

A pesar de mi dificultad para comprender la situación, aún no entendía cuál era el propósito de la reunión y en qué podía ayudar yo. Mi capital era limitado; yo era apenas un pequeño empresario en crecimiento. Ni siquiera juntando todo mi capital disponible podría cubrir las deudas y los desfalcos. Después de un tiempo, pregunté a mi amigo Alberto cómo podía ayudarlo. Él me ofreció varias hectáreas de terrenos heredados de su padre, que necesitaba vender. Estos terrenos, ubicados en las afueras de la ciudad pero con una excelente ubicación, Alberto esperaba vendérmelos.

Su plan era que, una vez recuperado financieramente, me los compraría incluso al doble del valor en que me los ofrecía. También sugirió la opción de dejar los terrenos empeñados con un cierto interés mensual o bimestral. Sin embargo, el precio al que me ofrecía los terrenos era demasiado bajo, incluso por debajo de su valor comercial real. Aunque entendía su desesperación, no podía aceptar la oferta. Mi capital ya estaba invertido en proyectos nuevos que apenas comenzaban a dar frutos. Me inundaron las dudas e incertidumbres al no poder ayudarlo. Rechacé su generosa oferta, argumentando que perder esos terrenos sería irreparable, ya que su valor comercial aumentaba cada año y encontrar precios tan bajos era cada vez más difícil. Por lo tanto, propuse una solución diferente: una estrategia que nos permitiera mantener los terrenos y, al mismo tiempo, desarrollar un negocio rentable y escalable en el que yo pudiera invertir capital para sacar a flote la empresa en crisis.

En ese momento, no tenía ni idea de qué hacer. Simplemente le pedí unos días para pensar en una solución que fuera beneficiosa para ambos. Sin muchas alternativas, Alberto aceptó la idea de considerar propuestas de negocios. Le pedí copias y planos de los terrenos para explorar posibles oportunidades comerciales. Aunque nuestra amistad de años nos unía, el tema de los negocios era distinto, pero Alberto confiaba en mi enfoque empresarial, habiendo sido testigo del crecimiento que había experimentado en el mundo de los negocios a pesar de las adversidades.

Mientras discutíamos, resaltábamos la complejidad de recuperar su negocio al borde de la quiebra. Tras varias horas de conversación sobre un nuevo comienzo con una empresa nueva, era evidente que no sería fácil. La noche avanzaba y, sin darle más vueltas al asunto, terminamos nuestra charla. Me despedí de mi amigo con la firme idea de que tendría noticias muy pronto. Salí de su casa alrededor de las 11 de la noche y me dirigí a casa. Mientras conducía, reflexionaba sobre posibles ideas de negocios, aunque mi mente estaba distraída por la responsabilidad que había asumido.

En el trayecto, no lograba concentrarme al 100%. A lo largo de las calles y avenidas, rodeado de numerosos anuncios publicitarios, uno en particular captó completamente mi atención: era una imagen promocional de alquiler de brincolines para fiestas. Esta imagen se grabó en mi mente como una posible oportunidad de negocio. Al llegar a casa, me dediqué a desarrollar varias ideas de negocios. Primero las anoté en un cuaderno y luego las trasladé a la computadora. Sin embargo, al hacer cuentas y revisar presupuestos, me di cuenta de que la mayoría de las opciones no eran rentables, ya que la inversión mínima requerida superaba mi capital disponible. Aunque eran alternativas excelentes, llevarlas a cabo implicaría una gran inversión de dinero, esfuerzo y, sobre todo, tiempo.

No obstante, la idea de crear un negocio relacionado con los brincolines seguía latente en mi mente. Imaginé un lugar lleno de brincolines y juegos mecánicos: Brincolandia, un espacio donde las familias pudieran disfrutar de tardes enteras de diversión, reuniones y celebraciones familiares como cumpleaños, entre otros. Los terrenos disponibles, ubicados a 50 minutos de la ciudad, parecían ser perfectos para este propósito. Estaban lo suficientemente alejados del estrés de la vida urbana, pero lo bastante cerca como para que cualquiera pudiera acceder fácilmente. Esta idea de negocio parecía ser favorable, ya que la inversión de dinero y recursos materiales sería considerablemente menor que en otros proyectos, llegando incluso a ser hasta un 50% menos en algunos casos.

De entre las muchas ideas de negocio que consideré, seleccioné cinco que parecían viables tanto para mis posibilidades como para las de mi amigo Alberto, quien, a pesar de no estar en condiciones de invertir, había proporcionado los terrenos necesarios para llevar a cabo mis proyectos. Su contribución resultaba invaluable, ya que sin los terrenos disponibles, mis ideas no podrían convertirse en realidad.

Después de varios días de evaluación, me propuse reunirme con Alberto para mostrarle cuáles eran las mejores opciones de inversión según nuestras posibilidades. De las cinco alternativas de negocio que consideramos más factibles para los terrenos disponibles, la primera opción fue la de construir naves industriales y bodegas. Sin embargo, la descartamos al percatarnos de la enorme inversión monetaria que requería. Después de analizar las cuatro propuestas restantes, finalmente optamos por la idea de crear un área de brincolines y juegos que denominé "Brincolandia". Esta área incluiría un espacio común para los visitantes y áreas privadas para celebraciones especiales.

Alberto compartía mi entusiasmo por esta idea, pero ahora necesitábamos conocer los costos de la compra o alquiler de brincolines y juegos mecánicos. Investigamos en varias páginas y encontramos algunos proveedores que ofrecían estos servicios, ya sea en venta o alquiler por día. Sin embargo, al sumar el costo de todos los brincolines y juegos mecánicos, nos dimos cuenta de que excedían el presupuesto inicial. Además, parte del presupuesto se destinaría a la remodelación, construcción y adecuación de los terrenos.

Ante esta situación, llegamos a la conclusión de que necesitábamos un tercer socio: un inversor con el capital necesario para llevar a cabo el proyecto. En primer lugar, pensamos en que el inversionista o socio podría ser propietario de una fábrica de brincolines o accionista de una empresa dedicada a la venta o alquiler de estos juegos. Con esta idea en mente, me embarqué en la tarea de buscar fabricantes en las zonas metropolitanas. No obstante, algunos de los que contacté no mostraron interés o no tenían autoridad para tomar decisiones en la empresa. Afortunadamente, un fabricante mostró interés en el concepto que teníamos y nos programó una cita para la semana siguiente.

Cuando llegó el día de la cita, llegamos a la empresa cinco minutos antes de la hora acordada. La secretaria nos anunció con su jefe, quien según en palabras de ella ya nos estaba esperando. Aunque no sabíamos quiénes estaban al otro lado de la puerta, podíamos escuchar voces de varias personas. A pesar de ello, después de la hora acordada, nos hicieron esperar casi 15 minutos. Personalmente, considero que los horarios son importantes y deben respetarse. Mi intuición me sugería que quizás éramos parte de la conversación que estaba teniendo lugar dentro de la oficina.

Finalmente, cuando entramos, nos dimos cuenta de que dentro de la oficina estaban el dueño de la fábrica, su hijo y el gerente. Todos se presentaron cordialmente, excepto el dueño, cuya arrogancia y prepotencia eran evidentes desde el principio.

Al saludarnos, noté de inmediato una tensión artificial en el ambiente, como si hubiéramos ingresado en una cueva de lobos. Cuando llegó nuestro turno de presentarnos y explicar el propósito de nuestra reunión, dejamos claro que buscábamos un socio estratégico para nuestro proyecto. Durante mi exposición, percibí una risa burlona en el hijo del dueño, gesto que su padre replicaba con una mueca igualmente despectiva. Por otro lado, el gerente parecía ser solo un títere sin voz ni voto en la discusión.

Al finalizar, mencioné que necesitaríamos no solo que los brincolines fueran responsabilidad del nuevo socio, sino también una inversión monetaria para los juegos mecánicos. Propuse dividir la participación de cada socio en tres partes iguales, lo que les daría un 33%. Sin titubear, el dueño rechazó la oferta y dejó claro que no aceptaría menos del 70% de las ganancias. Al notar su actitud, miré a Alberto con gesto de desacuerdo y, moviendo la cabeza, le indiqué que no podíamos aceptar. Ofrecí el 40%, pero su risa burlona volvió a manifestarse. Era evidente que la negociación se presentaba imposible; estaban completamente cerrados y hostiles.

Entonces, pronunció unas palabras que quedarían grabadas en mi memoria para siempre: "Tómenlo o déjenlo...". Esta actitud me enfureció. Por un momento, luché por contener mi ira y evitar responder a sus risas con la misma moneda. No podía entender cómo estaban dispuestos a desechar un negocio tan lucrativo por su obsesión de obtener la mayor tajada posible, sin considerar las implicaciones para nosotros. Talvez creyó que se encontraba en el programa de televisión sobre inversiones (*Shark Tank*), y que podría amedrentarme, presionarme y confundirme sobre cómo actuar, y aceptar sus condiciones que no solo eran injustas sino demasiado ventajosas solo para él.

Mantuve la calma y decidí tomarme la situación con humor, a pesar de la molestia tanto mía como de Alberto, quien también intentaba persuadirles ofreciéndoles el 45%. Sin embargo, cuando una negociación beneficia más a una parte que a la otra, es mejor retirarse. Sería un error terminar regalando nuestra empresa. Interrumpí a Alberto, quien, presionado por encontrar un nuevo socio, estaba cediendo ante la presión psicológica. A lo largo de mi experiencia, he visto cómo muchos comerciantes, emprendedores y empresarios se aprovechan de la necesidad y desesperación de los demás, priorizando su beneficio personal sin importar el perjuicio causado a la contraparte.

Entonces, interrumpí a mi amigo antes de que cediera a sus peticiones, acción que alteró y causó molestia en sus rostros. Antes de que pudieran decir palabra alguna, rompí todo pacto o negocio diciéndoles: "Desafortunadamente, no podemos aceptar". Les agradecí, puse mi mano en el hombro de Alberto y le susurré que era momento de irnos. Me despedí de cada uno de ellos y nos retiramos del lugar. A mi parecer, quien más se vio impactado por mi respuesta fue el hijo del empresario, cuyo enojo se reflejaba claramente en su mirada y su lenguaje corporal, incapaz de disimularlo.

Por respeto a su integridad moral, no revelaré sus nombres, pero puedo decir que son el tipo de personas con las que jamás negociaría. Salimos de allí molestos y decepcionados, pero con la cabeza en alto.

A pesar del fracaso en la negociación, estábamos seguros de que seguíamos en el camino correcto. No abandonaríamos el proyecto; por el contrario, dedicaríamos más tiempo y esfuerzo a pesar de los contratiempos. Sin un tercer socio, la realización del proyecto a corto plazo se veía complicada. Por eso, decidí recurrir a un préstamo bancario. Personalmente, consideraba esta opción como último recurso, ya que no quería endeudarme con el banco por un negocio del que no estaba seguro si funcionaría.

Mientras realizaba los trámites bancarios para la aprobación del préstamo, seguí contactando a conocidos y amigos en busca de fabricantes de juegos y brincolines. Durante una de las llamadas a un amigo llamado Erick Martínez, mencionó que uno de sus socios en la inmobiliaria tenía una fábrica de brincolines. Así que me pasó su número de teléfono. Lo llamé de inmediato para intentar agendar una cita de negocios. En el segundo intento, contestó amablemente preguntando quién era yo. Me presenté y le expliqué el motivo de la llamada, mencionando que Erick, un amigo en común, me había pasado su número. Después de charlar unos minutos, parecía muy interesado en el proyecto. Sin pensarlo demasiado, acordamos una reunión en la oficina de la inmobiliaria. Un día más tarde, Alberto y yo acudimos al encuentro, motivados y con la esperanza de tener un nuevo socio.

En la reunión, se discutieron varios temas y posibilidades de negocios. Al principio, la negociación estuvo difícil. Él nos ofrecía 50 brincolines, 40 juegos mecánicos, instalaciones eléctricas y además invertir varios millones en la remodelación de los terrenos, pero necesitaba el 55% de la empresa. En nuestra contraoferta, le otorgábamos un 30% y nosotros nos haríamos cargo de la remodelación, solo necesitábamos que él se encargara de los brincolines, los juegos mecánicos y las adecuaciones eléctricas. A pesar de que los porcentajes estaban en extremos opuestos, sabíamos que podíamos llegar a un acuerdo. En este caso, había margen de negociación, a diferencia de los anteriores empresarios. Él hizo una pausa, reflexionando sobre nuestra oferta y finalmente accedió con la condición de aumentar para llegar a un 35 % total en un año.

Después de haber concluido exitosamente la negociación, decidimos celebrar y fortalecer el vínculo con nuestro nuevo socio estratégico, así que salimos a comer juntos a un restaurante como gesto de buena voluntad. Semanas más tarde, me dediqué a la organización y remodelación de los terrenos. Aunque las hectáreas eran mayormente planas y no requerían demasiado trabajo, era imperativo construir los locales comerciales necesarios para la venta de productos.

Se destinó un área específica para el estacionamiento, con capacidad para más de 150 automóviles, y se contempló la posibilidad de ampliación si fuera necesario. Inicialmente, dividimos el terreno en secciones, cada una equipada con un brincolín mediano, un juego mecánico, un área de asado para carnes, mesas de concreto, un baño y un local comercial disponible para alquiler a cualquier interesado. Estos locales ofrecían una variedad de productos, desde aguas frescas y refrescos hasta dulces, botanas y refrigerios, entre otros.

Después de aproximadamente un mes y medio de trabajo, logramos habilitar un total de 20 secciones. Los costos de construcción de los locales fueron asumidos por mí a través de un préstamo bancario. Una parte del presupuesto se destinó a los anuncios publicitarios, la impresión de folletos y la instalación de un espectacular en la entrada del pequeño parque.

Desde el inicio del proyecto hasta su apertura transcurrieron casi 3 meses. Decidimos enfocar la publicidad a nivel local en lugar de utilizar las redes sociales, ya que inicialmente buscábamos atraer a personas de la zona mediante publicidad impresa. Tras semanas de arduo trabajo, por fin estábamos a punto de ver realizado el sueño llamado *Brincolandia*.

En el día de la inauguración, se vendieron boletos a precios accesibles: 15 pesos por persona o 70 pesos por familia de hasta 7 personas que llegaran en un vehículo. Incluso regalamos algunos boletos. El primer día, la ocupación de los espacios superó el 70%. Conforme pasaban las semanas, este porcentaje seguía en aumento y la popularidad del lugar se extendía. Para satisfacer la demanda, abrimos otras 5 secciones. Además, ofrecíamos la opción de alquilar una sección para fiestas privadas, ya fuera cumpleaños u otros festejos. Este servicio incluía mesas, sillas, mantelería y una rockola. Los costos de alquiler variaban según el número de personas.

Diez meses más tarde, mis socios y yo llegamos a la conclusión de que debíamos aprovechar el gran flujo de personas que visitaban el lugar constantemente. Surgió entonces la idea de utilizar y acondicionar algunos de los terrenos que aún no estaban siendo aprovechados.

Se construyeron dos restaurantes con amplio espacio y estacionamiento: uno especializado en mariscos y otro con un enfoque campestre. En lo que respecta a los restaurantes, la inversión fue equitativa entre los tres socios. En cuestión de semanas, la aceptación por parte del público fue notablemente positiva y todo marchaba sobre ruedas. Las ganancias eran excelentes.

Sin embargo, justo antes de cumplir un año con tres meses, una amenaza latente se materializó. Alberto nos sorprendió con una noticia inesperada, que no solo lo afectaba a él, sino también al nuevo negocio que habíamos establecido. Una mala decisión estaba a punto de poner en riesgo todo lo que habíamos logrado.

Resultó que mi amigo nos informó sobre su decisión definitiva de divorciarse de su esposa. Lo significativo de esto es que había mentido acerca de la propiedad total de los terrenos. En realidad, solo el 40% de los terrenos le pertenecían a él por herencia de su padre. El otro 30% fue adquirido por la madre de su esposa, quien era hija de un empresario. Aproximadamente el restante 30% lo adquirió mi amigo. Esto desencadenó un conflicto, ya que en el proceso de divorcio sería necesario dividir o vender las partes y repartir el dinero resultante.

La noticia nos tomó completamente desprevenidos. Mi amigo se encontraba visiblemente apenado y angustiado por la situación, y también por no habernos comunicado las verdaderas condiciones de los terrenos. Yo, más que molesto, me sentía profundamente decepcionado. La realidad es que no confío en mí al ocultarme que no tenía la totalidad de los terrenos.

Nos encontrábamos ahora en una situación legal delicada, dependiendo de cómo se manejara el conflicto entre abogados. Las perspectivas no eran favorables si no lográbamos llegar a un buen arreglo. Poco después, recibimos la notificación de que los terrenos debían ser repartidos mediante un acuerdo mutuo entre ambas partes. Intentamos negociar con la esposa de mi amigo para que nos permitiera conservar los terrenos y ofrecimos compartir una parte de las ganancias con ella, tratándola como una socia más. Sin embargo, ella se negó rotundamente a cualquier tipo de acuerdo de alquiler o venta. Además, nos propuso comprar la parte de su esposo a un precio inaceptable, casi ridículo, y pretendía quedarse con los brincolines y juegos.

Estaba claro que su intención era perjudicar a Alberto (el ahora exmarido) privándolo de cualquier tipo de ingreso, como una especie de venganza personal.

El mayor desafío surgió cuando nos dimos cuenta de que la gran mayoría de los brincolines y juegos mecánicos se encontraban en los terrenos en conflicto. Solo los restaurantes estaban a salvo. Consideramos la posibilidad de trasladarlos, pero esto afectaría tanto a los restaurantes como al estacionamiento. Retirar los juegos prácticamente dejaría sin atractivo al lugar, ya que no habría suficiente espacio de estacionamiento para la gran afluencia de personas, lo que haría que el negocio dejara de ser rentable. Por lo tanto, esta opción no resultaba viable.

En una de las reuniones entre los tres socios, se tomó la difícil decisión de poner fin a la situación. A pesar del esfuerzo y dedicación invertidos, tuvimos que cerrar *Brincolandia*. Esta decisión dejó a 32 empleados sin trabajo. Fue un momento complejo de manejar, ya que afectó la moral de todos los involucrados.

Sin embargo, conservábamos nuestra sociedad en los restaurantes. Estos acontecimientos, lejos de debilitar nuestra sociedad y amistad, nos unieron aún más. Los obstáculos nos brindaron la oportunidad de aprender y buscar nuevos proyectos que nos permitieran alcanzar una economía más sólida. De hecho, estas experiencias nos dejaron anécdotas y enseñanzas valiosas que usaríamos como herramientas en el futuro.

Posteriormente, nos adentramos en los sectores inmobiliarios y restaurantero, conocidos por su rentabilidad. Entendimos que el dinero nace en la mente, crece con las ideas y se materializa a través de las acciones. Es esencial expresar el poder de la mente para que las metas se hagan realidad. Las estrategias, la motivación y la perseverancia actúan como el combustible de los emprendedores exitosos. Para que la maquinaria del emprendimiento funcione, es necesario mantener una constancia firme y no desistir cuando las cosas no salen como se planearon. Cada paso hacia adelante nos acerca más al futuro financiero que anhelamos.

¡Cambia tu mentalidad! Entonces los cambios en tu entorno serán continuos y duraderos.

CAPÍTULO 3

LA UNIVERSIDAD DE LOS EMPRESARIOS

Como Evitar el Ciclo del Desempleo

Una carrera sin futuro heredada de los padres

Para la mayoría de las personas, el viaje hacia una carrera profesional comienza con grandes sueños y motivaciones desde la infancia. Sin embargo, muchos ven desmoronarse esas aspiraciones al no poder alcanzar sus metas. El enfoque principal está puesto en estudiar carreras universitarias que, lamentablemente, tienen una demanda laboral baja o insuficiente.

Las universidades, en su afán por atraer estudiantes, descuidan informarles sobre la realidad del mercado laboral. Rara vez se les advierte que algunas de las carreras que ofrecen pueden conducir a un futuro incierto, donde una parte significativa de los graduados enfrentará el desempleo. Incluso aquellos que tienen la suerte de encontrar empleo dentro de los primeros tres meses después de graduarse, a menudo se encuentran con trabajos mal remunerados y poco relacionados con sus áreas de estudio.

Para muchos, la búsqueda de empleo se convierte en una lucha de uno o dos años, y algunos nunca logran encontrar un trabajo que esté a la altura de sus expectativas. En lugar de seguir sus pasiones y habilidades adquiridas, se ven obligados a aceptar empleos temporales o subempleos para cubrir sus necesidades básicas. Es común que terminen trabajando en industrias completamente ajenas a su formación académica, ganando salarios significativamente más bajos de lo que podrían haber obtenido en su campo de estudio. Algunos optan por trabajar como choferes, taxistas o en cualquier actividad no relacionada con sus estudios.

Lo que muchas universidades no enseñan es cómo destacar en medio del desempleo. Paradójicamente, parte de este problema lo ocasionan las propias instituciones educativas, que no actualizan sus programas para satisfacer las demandas del mercado laboral actual. Esta situación puede parecer sorprendente, pero es una realidad que afecta a muchos jóvenes en la actualidad.

El exceso de oferta y la escasez de demanda son factores que fomentan el desempleo. Con el crecimiento desmesurado de la población, surge la necesidad de abrir más universidades, tanto públicas como privadas. En regiones donde antes existía una sola institución educativa, ahora se abren dos o más para dar cabida a todos los estudiantes, sin dejar a nadie fuera debido al sobrecupo. Sin embargo, lo que muchas universidades no enseñan es qué tipos de títulos académicos tienen poca demanda laboral. Esto conduce a una situación en la que algunos graduados se enfrentan a una carrera sin futuro.

Otro aspecto importante es la disparidad entre las universidades públicas y privadas en cuanto a las oportunidades laborales. Las universidades privadas a menudo tienen convenios con empresas que les permiten colocar a sus egresados en los mejores puestos, dejando a las universidades públicas con salarios más bajos y menos oportunidades de empleo. Este fenómeno crea un monopolio universitario donde la clase alta se beneficia en detrimento de la clase media y baja.

Si comparamos a un titulado académico de una universidad pública con un egresado de una universidad privada de prestigio, ¡es evidente quién saldría victorioso!. Sin embargo, este resultado no se debe únicamente al prestigio de la institución, sino también a un acuerdo moral implícito que favorece a la clase alta en los mejores puestos laborales. No existe ninguna ley que regule esta situación; es simplemente el resultado de la colaboración entre los grandes líderes de la industria. Si esta práctica es ética o no, es otro tema para considerar.

Mi deseo es que abras tu mente y comprendas cuál podría ser tu papel en una empresa. Muchos se encuentran atrapados en un ciclo de desempleo o empleos mal remunerados. Podría ofrecerte numerosos ejemplos de conductas empresariales que benefician únicamente a los más destacados. Por ejemplo, cuando una empresa necesita enviar empleados para abrir una nueva sucursal o prestar un servicio, suelen distribuirse de manera jerárquica. Los gerentes, supervisores o coordinadores reciben los mejores beneficios: se hospedan en los mejores hoteles, reciben una mayor atención y tienen un paquete de gastos más abundante y generoso. En contraste, los empleados de clase obrera reciben tratos más modestos, con alojamiento y paquetes de gastos más pobres y limitados.

Esta práctica, que puede parecer normal, establece un trato preferencial que se convierte en una especie de ley no escrita. En esta dinámica, los empleados de clase media y alta triunfan sobre los de clase baja, y el nivel de trato que recibes está directamente relacionado con tu posición en la jerarquía empresarial. Esto se debe a que, para los grandes magnates de las finanzas, es más importante la persona que toma decisiones que las personas que ejecutan las tareas. En este contexto, el coordinador o supervisor adquiere mayor relevancia que los obreros, que son la máquina que mueve una empresa, la fuerza laboral subyacente y, a menudo, mal remunerada de una empresa.

Desafortunadamente, las leyes están diseñadas de la manera más injusta posible para favorecer al gran empresario. Los egresados de las prestigiosas universidades compiten por los puestos más importantes en las empresas, tales como gerentes, directores ejecutivos, comerciales, de marketing, de recursos humanos, entre otros. Por otro lado, los empleos mal remunerados suelen ser ocupados por aquellos provenientes de escuelas públicas o de bajo nivel educativo. Esta dinámica crea una brecha donde los líderes egresados de universidades reconocidas comienzan su carrera desde la cima, mientras que las personas de clase media o baja, a menudo llamadas "ovejas", deben ascender desde abajo en la jerarquía laboral y financiera. Para muchos, pasarán años antes de acceder a los niveles superiores empresariales, y algunos nunca llegarán a esos puestos. De hecho, el 85% de los trabajadores de clase obrera se mantendrá en el mismo nivel durante toda su vida o durante el tiempo que permanezcan en esa empresa.

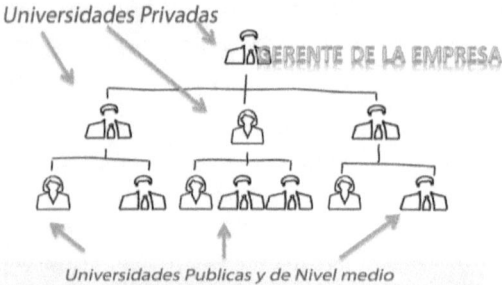

Universidades Privadas

GERENTE DE LA EMPRESA

Universidades Publicas y de Nivel medio

Aunque el título universitario es un requisito exigido por muchas empresas, la verdadera diferencia radica en la experiencia. Esta última es crucial para alcanzar el éxito, ya que el título universitario te dará acceso a mejores oportunidades laborales, pero la experiencia te convertirá en un profesional destacado. La falta de confianza en uno mismo es una gran carencia que puede llevar al fracaso. Como resultado, muchos estudiantes de clase media obtienen trabajos acordes con su nivel socioeconómico, mientras que los egresados de universidades elitistas acceden a puestos de alto nivel como supervisores, gerentes, coordinadores, presidentes, entre otros. Por último, aquellos provenientes de instituciones educativas de bajo nivel suelen ocupar los trabajos más pesados y peor remunerados.

Las oportunidades de negocio surgen de la perspectiva de cada individuo y de su visión del mundo que le rodea. Identificar las necesidades de la sociedad y del mercado es crucial para desarrollar estas oportunidades. Hay empresarios que tienen el toque de Midas y convierten cada empresa en oro, mientras que otros, con ideas similares, enfrentan numerosos obstáculos debido a la falta de inteligencia empresarial y financiera.

No solo se requiere capital económico, sino también inteligencia empresarial. Con esta mentalidad, propongo la creación de una empresa que sirva como ejemplo. Tú tienes la opción de seguir quejándote o, de forma radical, decidir dejar de ser una hormiga y convertirte en un líder financiero. Mientras las hormigas siguen órdenes y mantienen una rutina constante, los grandes empresarios, conocidos como lobos de las finanzas, persiguen sus objetivos comerciales o empresariales como si fueran presas. Los cargos más importantes en una empresa serán repartidos para aquellas personas que provienen de universidades de prestigio además de contar con el favoritismo por ser hijos de empresarios que se mueven en el mismo círculo social y empresarial, es decir tener amistades en altos niveles sociales facilita a los padres para que sus hijos sean recomendados en una empresa importante o de prestigio.

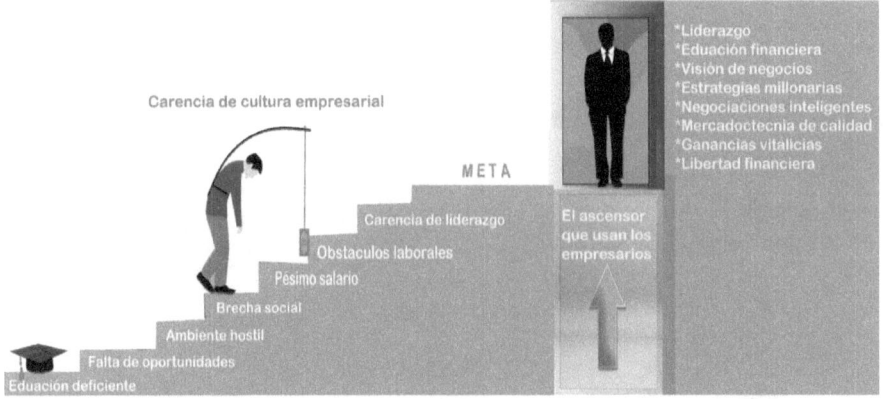

Para alcanzar el éxito empresarial, debes dejar de ser una simple oveja y transformarte en un lobo de los negocios. Esto no implica necesariamente pensar o actuar como ellos, sino más bien adoptar una mentalidad innovadora. Si tus métodos actuales no están funcionando, es hora de cambiar tus hábitos para obtener resultados diferentes y hacer que tus finanzas crezcan de manera exponencial como la espuma de una cerveza.

¡La abundancia del dinero no sale de un sombrero!

Es importante entender que la abundancia del dinero no es un fenómeno mágico. El dinero no aparece de la nada y no garantiza la abundancia si no se trabaja adecuadamente. El verdadero propósito de ser emprendedor y tener un negocio o empresa no debería ser simplemente ganar dinero, sino buscar la independencia financiera. Se trata de aventurarse en lo que te apasiona de manera integral, y el dinero vendrá como resultado.

Cuando emprendas un proyecto empresarial, no te enfoques únicamente en generar ingresos, sino en conseguir clientes, cerrar ventas y mantener una ventaja competitiva en el mercado. El dinero llegará como consecuencia de estas acciones. Es fundamental que tu proyecto sea sustentable desde el principio para evitar pérdidas, aunque esto no siempre sea posible en las etapas iniciales.

El éxito no es instantáneo hay que trabajarlo desde los cimientos

El peor enemigo de tu negocio no es la competencia, sino el miedo al fracaso. En muchas ocasiones, este enemigo se encuentra a tu lado, susurrando ideas negativas en tu oído. Es fundamental alejarse de personas que transmiten pesimismo y buscar la motivación en aquellos que aportan ideas, motivación y enseñanzas positivas.

Si tienes la oportunidad, busca a otros emprendedores con ideas afines a las tuyas, personas que deseen marcar la diferencia con un proyecto. Integrarte con ellos te brindará más confianza para formar grupos de trabajo y posibles sociedades, lo que te permitirá dividir gastos y riesgos. Sin embargo, es importante tener en cuenta que no todos pueden ser leales y algunos podrían buscar solo su beneficio personal. La decisión de asociarte o no es tuya, y puede implicar riesgos que debes evaluar cuidadosamente.

En algún momento de mi vida, tomé ese riesgo y en algunos casos me fue excelente, mientras que en otros no tanto. Otra recomendación para quienes tienen un negocio local es evitar limitarse únicamente a los clientes o compradores de la zona y sus alrededores, ya que esto podría ralentizar el crecimiento del negocio. En esta situación, la publicidad juega un papel vital para que el negocio pueda destacarse. Es importante buscar oportunidades para ofrecer promociones atractivas que permitan mantener ganancias constantes, aunque sean mínimas. Además, realizar inventarios diarios puede ayudar a analizar lo que yo llamo el "semáforo de ventas".

Además, te aconsejo que encuentres felicidad en lo que haces, ya que los resultados suelen ser mejores cuando trabajas con pasión en lugar de simplemente cumplir un horario. También es importante diversificar tus activos, adquiriendo aquellos que aumenten su valor con el tiempo. Esta es la mejor manera de planificar tu futuro y tu retiro.

En la siguiente imagen, se presentan tres estadísticas de ventas diferentes. La línea amarilla indica una señal de alerta, ya que las ventas apenas cubren los gastos del negocio. En esta situación, no se generan ganancias, pero tampoco hay pérdidas.

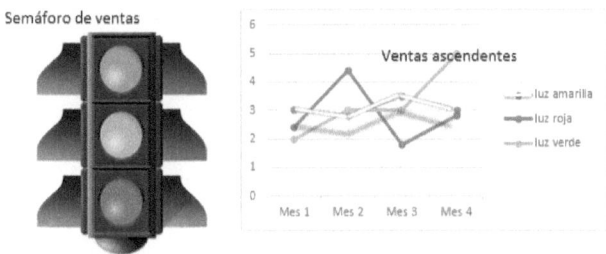

La luz roja del semáforo indica que durante los últimos 4 meses no has logrado aumentar las ventas; esto puede deberse claramente a dos razones. La primera es que tengas un buen producto pero un plan de negocios deficiente, o viceversa: tengas un mal producto pero un buen plan de negocios. En el segundo caso, las ventas pueden ser prometedoras al principio, pero luego experimentarán un declive debido a la mala reputación entre los clientes. En este punto, es crucial cambiar tu estrategia de negocios. Recuerda esta frase: "El lado opuesto del fracaso es el éxito; busca el éxito". Cuando te encuentras en lo más bajo, solo puedes levantarte y seguir adelante. No te desanimes; mantén la determinación y perseverancia.

Los mejores aliados para tu empresa son los siguientes:

1. La tecnología
2. Tu creatividad
3. Tu pasión y compromiso
4. La disciplina financiera
5. Inteligencia empresarial

La tecnología es una herramienta indispensable, mientras que la creatividad y el compromiso son cualidades que poseen la mayoría de las personas. Por otro lado, la disciplina financiera y la inteligencia empresarial son habilidades y doctrinas que necesitas fortalecer. Aunque pocos las dominan completamente, son clave para el éxito empresarial. Recuerda que hacer dinero no pasa de moda; es una consecuencia de tus acciones como emprendedor. Generar ingresos no es una casualidad, sino una causalidad que se obtiene a través del emprendimiento.

La ilusión de la riqueza es común en muchos empleados bien remunerados, que en realidad son personas de clase media disfrazadas de millonarias. Su riqueza termina el día que pierden el empleo, ya que su única fuente de ingresos desaparece. Durante su vida laboral, estos empleados suelen adquirir bienes que se devalúan gradualmente, como ropa, calzado, muebles y aparatos eléctricos. Por ejemplo, los autos pierden alrededor del 5% de su valor anualmente. En contraste, los terrenos, casas y departamentos tienden a aumentar su valor entre un 7% y un 10% cada año. Por eso, es importante adquirir bienes que no se devalúen.

En la actualidad, una estrategia excelente es formar grupos de emprendedores para desarrollar proyectos de manera más eficaz. Cada individuo posee un talento natural que debe ser explotado para convertir ideas en realidad. Cada miembro del grupo debe aportar no solo ideas, sino también estrategias específicas para el proyecto. La fortaleza de tu proyecto, a corto o largo plazo, dependerá de la fortaleza del grupo que lo conforma.

Las mentes millonarias tienen el poder de atraer la riqueza.

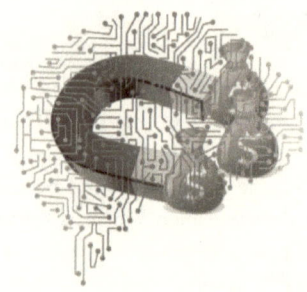

Es cierto que las mentes millonarias atraen la riqueza. Sin embargo, este fenómeno no se da en todos los casos. No basta con tener dinero; es fundamental cultivar pensamientos positivos y adoptar una mentalidad ganadora para transformar tu forma de pensar. Pasar de una mentalidad pasiva y conformista a una mentalidad financiera, positiva y creativa es esencial.

Para lograrlo, es necesario tener una mente maestra. El cerebro es una máquina de aprendizaje constante que debe ser ejercitada. La mente es el resultado de este ejercicio, y su alimento principal es la constancia de las ideas. Estas ideas son el fruto de tu perseverancia. Las mentes millonarias están constantemente en busca de oportunidades de negocios porque son activas, perseverantes y creativas. Además, muchos de sus ingresos son pasivos, lo que les permite generar altos rendimientos de manera constante y abundante.

Enfocarse al 100% en lo que haces es clave para fomentar la cultura financiera. Sin embargo, esto no significa dedicar el 100% de tu tiempo diario a tu proyecto. Ser un empresario exitoso implica atravesar varias etapas de aprendizaje y adquirir experiencias que proporcionen conocimientos. Estas etapas son indispensables para triunfar en el mundo empresarial.

En mis años de aprendizaje como informático trabajé en una empresa de recursos humanos en Guadalajara, Jalisco, que experimentó un declive significativo en sus más de 25 años de trayectoria en el mercado. Por respeto ético, no revelaré su nombre. En sus días de gloria, esta empresa se encontraba en su punto más alto gracias a la inversión de numerosas empresas y fábricas extranjeras, principalmente del sector tecnológico, que optaron por establecerse en

Jalisco y otros estados de México. Sin embargo, para gestionar la contratación masiva de miles de empleados, estas empresas necesitaron la asistencia de compañías de reclutamiento, también conocidas como recursos humanos (Human Resources), para deslindarse de asuntos legales como el pago de salarios, vacaciones, aguinaldos y liquidaciones.

Estas empresas extranjeras abonaban trimestralmente una cierta cantidad de salario por cada empleado, de la cual la empresa de reclutamiento retenía el 20% como comisión, mientras que el 80% restante se destinaba al empleado. En resumen, esta empresa en particular tenía más de 2 mil empleados a los cuales les retenía el 20% de su salario, lo que se traducía en miles de pesos mensuales que la empresa de reclutamiento ganaba por administrar y organizar todo lo relacionado con los sueldos.

En sus años de bonanza, la empresa no supo cómo invertir y expandirse; en cambio, simplemente gastó sus ganancias. Las competidoras directas comenzaron a ofrecer beneficios superiores a las fábricas, lo que provocó que los empleados emigraran a otras compañías de recursos humanos. Esta migración redujo la cartera de empleados en un 40%. Además, la empresa comenzó a gastar dinero que no le pertenecía; en lugar de tomar solo el 20% correspondiente de los sueldos de los empleados que las fábricas pagaban, tomaban la totalidad para invertirlo en proyectos que resultaron fallidos.

Como era de esperarse, comenzó un declive financiero. No había liquidez para pagar la nómina de cientos de empleados, lo que llevó a la empresa a tomar la peor decisión posible: endeudarse con el banco para intentar salir de la crisis. Los empleados demandaron a la empresa y la mayoría de los empresarios de las fábricas retiraron el convenio. Me vi forzado a salir antes debido a esta situación. La empresa llegó a la bancarrota en tan solo unos meses, con una deuda bancaria que, dada su situación, era casi imposible de cubrir. Esta situación llevó a los dueños a tomar decisiones desesperadas y equivocadas. Esta empresa, que apenas se mantiene, jamás volverá a sobresalir.

Este relato, que es real, muestra claramente cómo una empresa sólida puede llegar al precipicio económico. A continuación, se presentan algunos consejos sobre lo que jamás se debe hacer en una empresa:

1. No se debe tomar dinero que no te pertenece, sin importar si está disponible. Solo se debe tomar el porcentaje de dinero que corresponda al servicio o trabajo realizado.
2. No se deben solicitar créditos bancarios para salir de deudas, ya que esto solo aumenta la crisis económica de la empresa.
3. No te arriesgues a invertir en algo que no conoces, por muy atractivo que parezca. Investiga primero y analiza el riesgo de pérdidas y ganancias.
4. No seas apático ni conformista; busca siempre el crecimiento de la empresa.

Una empresa que no alcanza su potencial económico para sostenerse y no busca socios estratégicos o inversores está destinada a la bancarrota y a desaparecer. Estas empresas muestran alertas económicas que, si no se atienden, llevarán a la compañía al fondo del precipicio financiero. Hay muchos ejemplos de esto, como el caso de empresas como Facebook, que comenzó como una startup y logró salir adelante al encontrar la forma de potenciar su negocio como una red social a escala mundial. Sin embargo, antes de Facebook, hubo otras empresas que surgieron como redes sociales similares. Su alcance no fue el esperado, no se renovaron, no exploraron diferentes alternativas y terminaron perdiendo millones de dólares. A pesar de estar en un nivel óptimo, desaparecieron y quedaron en el olvido por no saber cómo mantenerse a flote en un mercado lleno de competidores agresivos.

Cuando compites contra un gigante, solo tienes cuatro alternativas: mantener tu posición sin cambios, fortalecer tu empresa y crecer, enfrentar la bancarrota o ser absorbido por la competencia. Estas caídas drásticas de las empresas son como caídas al precipicio.

El miedo es un pobre y un mal aliado para un emprendedor. No permite dar el paso hacia el emprendimiento por el temor a tropezar. Muchas personas se conforman con un trabajo estable que les proporciona ingresos mínimos, pero constantes; un sueldo que mantiene viva la esperanza de una vida mejor en el futuro. Sin embargo, el miedo reduce los sueños y los encierra en un baúl. Los límites del miedo son solo aquellos que uno mismo permite. La sombra del miedo paraliza, impidiendo avanzar, y las ideas de aventurarse a emprender se desvanecen, perdiéndose con el tiempo, dejándote solo con la misma realidad económica de la que buscabas escapar. Aquellos que triunfan y alcanzan sus metas son los que vencen el miedo y rechazan la idea de seguir siendo empleados.

¡Si sabes entender sabrás emprender!

La rutina apática es un mal social que debe ser erradicado de raíz de la mente. Si superas la mala rutina y el miedo al fracaso, lograrás avanzar hacia el éxito. Supera el temor a la derrota y entrarás en la carrera hacia el éxito. El triunfo no es instantáneo; es una consecuencia del esfuerzo y la dedicación constante, sin retrocesos. Saber emprender no es tarea fácil; es un camino que muchos comienzan, pero solo algunos continúan por él, a pesar de los errores cometidos. Aprenden de sus fallos y los utilizan para seguir adelante y alcanzar sus metas.

No pisotees moralmente a nadie para alcanzar tus metas; debes ser justo, honesto y muy hábil. Debes ser capaz de ver un negocio donde nadie más es capaz de verlo.

¡Pocas veces en la vida se consigue el éxito sin obstáculos o errores en el camino, pero se disfruta más aprendiendo de los errores con esfuerzo y dedicación!.

IDEAS GRUPALES

IDEAS INDIVIDUALES Y EMPRENDER DESDE CASA

EMPRENDEDORES REALES CON SUEÑOS POSIBLES

La mentalidad de la mayoría de las personas millonarias es variada y compleja. Por lo tanto, expondré cómo los millonarios utilizan sus recursos financieros en su beneficio. Quizás pienses que malgastan su dinero de forma desordenada; en algunos casos es así, pero en la mayoría son metódicos. No compran algo a menos que sea estrictamente necesario, especialmente en lo que se refiere a gastos de la empresa. Un ejemplo muy común es el de la maquinaria. Aunque tenga mil detalles, sacarán el mayor provecho de ella y no la cambiarán hasta que deje de funcionar. Por ejemplo, una maquinaria textil que cuesta miles de pesos en comparación con un empleado de mantenimiento que gana 1800 pesos mexicanos por semana. Haciendo cuentas, se ahorrarán miles de pesos mientras la mantengan funcionando. El empleado de mantenimiento la mantendrá en funcionamiento durante mucho tiempo, ahorrándoles miles de pesos. La remplazarán solo si la máquina tiene una falla en la cual la reparación supere el 45% de lo que costaría una nueva. En ese momento, ya no sería rentable repararla y decidirán comprar una nueva. Este mismo principio se aplica a equipos de cómputo e inmuebles, ya que lo importante es el resultado final.

Todos los empresarios saben que el bien más valioso de una empresa es, sin duda, es el empleado. Sin embargo, muchas veces está mal pagado y es considerado sustituible. Es una contradicción empresarial que, a pesar de ser tan importante, sea mal remunerado. Esta situación se da en la gran mayoría de las empresas.
}

Análisis de un proyecto nuevo

Visualizar un negocio donde nadie más lo ve puede ser de gran utilidad, ya que te enfrentarás a menos competencia. Es importante revisar hacia dónde apunta la modernidad y qué demanda tiene la gente. Tu objetivo debe ser satisfacer esa demanda. Por ejemplo, si eres dueño de terrenos y vives en una zona urbanizada donde circulan muchos autos, una excelente opción sería rentar tu terreno como estacionamiento. Recuerda que los negocios de servicios suelen requerir una menor inversión inicial y ofrecen un alto retorno monetario.

¿Cómo determinar si es rentable? Para responder a esta pregunta, considera lo siguiente:

1. Mientras haya autos, siempre existirá la necesidad de lugares para estacionarse.
2. El espacio se puede rentar por tiempo, ya sea por minutos o por horas.
3. No se requiere una inversión excesiva cuando se es dueño del terreno.
4. Siempre y cuando no supere los 50 espacios para vehículos, solo se necesitará un empleado por turno.
5. El mayor periodo de uso del estacionamiento es durante el día, lo que significa un bajo consumo de energía y luz. Por lo tanto, los impuestos por consumo de energía suelen ser bajos.

Con los puntos anteriores, comprendemos la rentabilidad de este tipo de negocios. Ahora, entendamos cómo piensan los millonarios para entender cómo llegaron hasta donde están. Estos secretos residen en lo más profundo de su cerebro; la psicología detrás de estas mentes brillantes nos muestra su comportamiento y nos revela por qué actúan de cierta manera.

Realizamos un estudio sobre las diferencias entre hombres y mujeres, centrándonos exclusivamente en su forma de pensar y razonar. Comencemos con las mujeres: cuando una mujer aborda un taxi en México, suele sentarse en la parte trasera del auto. Esta actitud puede parecer insignificante; de hecho, en muchos países es común y está arraigada en la costumbre, la ideología y la seguridad. Sin embargo, en México la realidad es diferente.

Un porcentaje del 70 % de estas mujeres elige sentarse en la parte trasera del taxi por varias razones. En primer lugar, muchas de ellas no disfrutan interactuar verbalmente con la persona conductora, ya que algunas hacen preguntas personales que traspasan la barrera de la confianza. Además, prefieren mantenerse un poco aisladas durante el viaje, enviando así una señal a quien conduce de que son las dueñas del transporte durante el trayecto. Se trata de un momento en el que se sienten en control del espacio, con un conductor a su disposición, lo que les permite pensar sin interrupciones ni la necesidad de entablar conversación con la persona conductora.

Otras razones son que el 10% de las mujeres se sienten demasiado cohibidas para entablar relaciones interpersonales y no se sienten seguras yendo al frente, mientras que el 20% restante se subirá al frente del taxi para conversar con la persona conductora. Este último porcentaje de mujeres tiende a ser más introvertido. Además, la edad también influye en esta elección.

En el caso de los hombres, el 95% se subirá al frente, justo al lado del conductor. Observa la gran diferencia en la psicología entre hombres y mujeres.

Puedes preguntarte para qué sirven estos datos. Si estás pensando en comenzar una empresa, estarías cometiendo un error si no defines primero a quién vas a vender y cuál es tu sector prioritario. ¿Tu producto se enfocará en hombres o mujeres, adultos o niños? Si no tienes bien definido este enfoque, enfrentarás tu primer obstáculo. Comprender estos patrones de pensamiento te ayudará a saber cómo atraer su atención hacia tu negocio o empresa. Un marketing adecuado y un análisis enfocado son lo que hacen los millonarios.

Por ejemplo, si desarrollas una plataforma o una empresa de transporte, las mujeres se sentirán más identificadas si el conductor es mujer. En estas circunstancias, se sentirán más seguras. Incluso es más probable que una mujer elija sentarse al lado del conductor y entable una conversación, lo que aumenta las posibilidades de éxito de este tipo de negocio. Por lo tanto, podrías considerar la idea de crear un servicio de transporte tipo taxi exclusivo para mujeres. Al utilizar la psicología para aumentar las ventas, se aprovechan las preferencias y sensaciones de seguridad de las mujeres.

Otro ejemplo sería el de los constructores de viviendas o edificios para departamentos u oficinas. Estos profesionales realizan un estudio de mercado para observar el potencial de sus posibles clientes y así sacar el máximo provecho a sus inversiones. Toman en cuenta la ubicación y los servicios que podrían ofrecer. Por lo tanto, construirían viviendas lujosas y costosas con servicios adicionales como estacionamiento, oficinas, bares, plazas comerciales y locales de ropa y cosméticos, así como entretenimiento. Una gran parte de estos servicios estaría enfocada en el sector femenino, ya que son el mayor consumidor de estos servicios. Al centrarse en las necesidades y preferencias de este grupo demográfico, los constructores pueden aumentar la demanda y el éxito de sus proyectos.

Tipos de inteligencia necesaria para emprender

Es importante entender que hay diferentes tipos de inteligencia en las personas, y entre ellos se encuentra la inteligencia para los negocios. Se han catalogado muchos tipos de inteligencia; algunos individuos poseen varias de ellas, mientras que otros casi todas. Resumiendo estos datos, encontramos personas con la habilidad de aprender con facilidad, almacenar datos importantes, ser creativas, construir cosas, ser inventoras, y ser grandes científicas, entre otras habilidades. Lo que hace que algunas personas se destaquen como empresarios no es que sean genios en múltiples disciplinas, sino su habilidad para visualizar y proyectar una visión diferente al resto.

Los individuos con inteligencia empresarial son estrategas que piensan en el presente y en el futuro. Tomemos como ejemplo a uno de los hombres más ricos del mundo, Bill Gates. Surgió en una era adecuada y oportunista, siendo un programador de software, aunque no el mejor. Su verdadera habilidad radicaba en visualizar el futuro en una época de poca competencia informática y escaso avance en los ordenadores domésticos. Gates vio una oportunidad donde otros no la veían. Las personas a su alrededor pensaban que no tendría oportunidad, que fracasaría. Sin embargo, encontró en algunos de sus amigos grandes desarrolladores de programas para computadoras. Además, supo negociar con las grandes empresas de esa época, vendiéndoles su programa. Su visión del futuro y su habilidad para los negocios lo llevaron, después de varios años, a convertirse en el máximo desarrollador de software de computadoras del mundo. Varios factores contribuyeron a esta situación:

1. Destreza y visión empresarial.
2. Habilidad para negociar en un mercado donde no existía competencia.
3. Aprovechamiento de oportunidades para emprender, lo cual fue parte fundamental de su enfoque.
4. Inteligencia emocional para cultivar relaciones interpersonales efectivas.
5. Establecimiento de vínculos sociales para la capitalización de recursos y apoyo para su empresa.
6. Aplicación de inteligencia empresarial en la toma de decisiones y estrategias.

El ejemplo verídico de Bill Gates ejemplifica estos fundamentos. Es importante comprender los principios y razonamientos utilizados por los emprendedores exitosos para establecer sus propias empresas. Algunas personas pueden carecer de ciertas habilidades de inteligencia mencionadas, pero todos tienen la capacidad de crear y visualizar su propia empresa. Desarrollar esta mentalidad empresarial es una cuestión de cultivar y fortalecer el pensamiento creativo y estratégico. El cerebro, al igual que un músculo, puede desarrollarse para aumentar la inteligencia y alcanzar metas.

- Fortalece tu mente
- Genera y visualiza en tu mente un negocio o empresa.
- Planifica y ejecuta la estrategia.

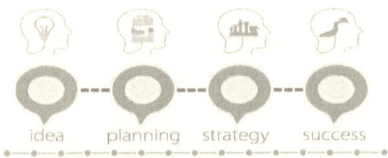

Si crees que tu negocio no es posible, estarás predisponiendo a tu cerebro al fracaso. Esto te conducirá al mismo resultado que tus pensamientos negativos: fracasarás antes de empezar. No hay nada peor que eso en el mundo del emprendimiento y las finanzas.

Podríamos pensar que los grandes empresarios están destinados a serlo, como si fuera algo genéticamente establecido, y que la suerte siempre está de su lado al hacer negocios rentables o emprender proyectos exitosos. Sin embargo, la realidad es que estos individuos poseen una habilidad mental superior a la mayoría. Su inteligencia está específicamente desarrollada para este propósito. Por eso, es crucial cultivar y desarrollar una capacidad mental que te ayude a alcanzar tus metas.

Además, estos empresarios poseen hábitos que yo denomino "Los hábitos millonarios". Estos hábitos abarcan tanto aspectos sociales como laborales. En este caso, me enfocaré en ayudarte con tus hábitos laborales. A menudo, estos se entremezclan debido a necesidades psicológicas o a la dificultad para separar lo laboral de lo personal, especialmente cuando eres tu propio jefe. Sin embargo, si logras separarlos y adoptar hábitos empresariales sólidos, podrás hacer que tu empresa o negocio sea rentable.

Es importante tener en cuenta que la mayoría de las personas pueden desarrollar estas habilidades con un enfoque adecuado y ejercitando su cerebro. Por ejemplo, la televisión no es una necesidad física, sino más bien una necesidad mental. Pasar demasiado tiempo frente al televisor no contribuirá al desarrollo de tus habilidades como emprendedor.

Respecto a la pregunta de si un empresario nace o se hace, no existe una respuesta absoluta. Desde mi perspectiva personal, considero que un empresario nace con ciertas inclinaciones, pero también se forma a través de la adopción de buenos hábitos, prácticas constantes y una sólida educación empresarial.

Un millonario requiere varios años para acumular su fortuna desde un punto de vista cronológico. En contraste, un empresario nace en el momento en que inicia su empresa. La primera etapa para convertirse en millonario es establecer tu propia empresa. La segunda etapa implica sostenerla y obtener grandes ganancias. La tercera etapa implica expandir tu empresa. Es fundamental comprender que no habrá riqueza ni crecimiento sin objetivos claros y firmes.

Muchos empresarios tienen un espíritu emprendedor innato, mientras que otros se convierten en empresarios. La explicación más simple de esto radica en que cada persona nace con habilidades innatas diferentes, lo que nos hace únicos. Algunas personas tienen una habilidad excepcional para identificar oportunidades de negocio o para hacer crecer empresas, mientras que otros enfrentan dificultades en este aspecto. Los llamados "empresarios de nacimiento" no solo poseen una mentalidad positiva, sino también una mentalidad proactiva, decisiva y aventurera.

Es importante destacar que la mayoría de las personas millonarias no tienen una inteligencia superior a la tuya; la diferencia radica en que saben aprovechar mejor sus habilidades. Aquellos que desean emprender pero evitan el riesgo, carecen de una idea clara y no tienen una estrategia sólida, inevitablemente enfrentarán obstáculos en su camino hacia el éxito.

Sin importar tu situación, ya sea que tengas o no las habilidades y la mentalidad para emprender, todos necesitan herramientas esenciales. Si te encuentras en el grupo de los que aún no son millonarios, es posible que te falten algunos o todos de los siguientes elementos:

Una empresa siempre debe contar con empleados para subsistir; de lo contrario, está destinada a desaparecer. Sin embargo, es importante reflexionar sobre qué deseas ser: ¿un empleado o el dueño de tu propia empresa? No estoy sugiriendo que renuncies a tu empleo de inmediato, pero sí que comiences a planificar tu futuro. Pregúntate qué quieres legar a tus hijos: algunos heredan propiedades y negocios, otros reciben el legado del conocimiento de sus padres. Lamentablemente, la mayoría hereda deudas. Considera qué deseas dejarles a tus hijos: si bien las propiedades y los negocios son valiosos, una mala gestión puede llevar a la pérdida de todos los activos. Por otro lado, el conocimiento es un legado que perdurará toda la vida.

El consejo que puedo brindarte para convertirte en un empresario exitoso es que te prepares y adquieras habilidades, oportunidades y conocimientos en las siguientes áreas:

1. La visión del empresario (inteligencia intuitiva).
2. Identificación de oportunidades para emprender.
3. Capital para invertir.
4. Elaboración de una estrategia financiera sólida (inteligencia empresarial).
5. Desarrollo de una filosofía de inversión y ahorro (hábitos empresariales)

Existen varios tipos de oportunidades de negocio, pero las dos principales son aquellas que llegan a través de diferentes medios de difusión y las que se buscan activamente. En muchas ocasiones, te encontrarás con estas oportunidades de negocio frente a ti sin darte cuenta y simplemente las dejarás pasar. Por ejemplo, ¿cuántas veces has pasado por las calles y has visto un local en alquiler o venta? Sin embargo, si no tienes en mente la idea o la ilusión de emprender un negocio, dejarás pasar esa oportunidad. Esto sucede porque la conformidad con tu vida y las cadenas cotidianas que te atan a una existencia ordinaria pueden desalentarte. Tal vez estés satisfecho con tu sueldo de empleado o, quizás, no tengas la solvencia económica para emprender.

En el caso de que desees emprender pero no cuentes con los recursos financieros necesarios, puede que solo dejes pasar el tiempo y esperes años sin tomar acción. En ese caso, simplemente eres un soñador con ideas de negocio. Recuerda que los sacrificios que realices hoy se convertirán en tu recompensa mañana. Lo que ahorres en el presente se multiplicará por decenas en el futuro. Tu forma de pensar en el presente determinará tu futuro.

En el camino del emprendedor, es importante conocer tus aptitudes y cualidades, pero también reconocer tus errores. Solo así podrás experimentar un crecimiento continuo.

Modelo de negocio y monetización:

El modelo de negocio trasciende la categoría de herramienta; implica una visión anticipada de la empresa para establecer un plan de acción. Al analizar las necesidades y requerimientos de los potenciales clientes, enfocarse en estos detalles se vuelve esencial. Por ejemplo, consideremos el caso de la renta de espacios de trabajo como oficinas: el modelo de negocio se centra en el subarrendamiento de estos espacios, siendo este el objetivo principal. El plan de negocios, por otro lado, se encarga de la implementación de este modelo, utilizando diferentes recursos económicos e inversiones. La monetización, entonces, representa el resultado económico al finalizar este proceso.

Los fracasos y éxitos empresariales están intrínsecamente ligados a las decisiones tomadas. Muchos empresarios, en su afán de crecimiento, caen en la ruina debido a decisiones erróneas. Existen numerosos ejemplos, siendo uno de los más comunes aquellos que arriesgan grandes fortunas en empresas aparentemente confiables, sin realizar un análisis exhaustivo de riesgos. La falta de una estrategia bien definida puede conducir al fracaso del negocio.

La anticipación es una característica fundamental del liderazgo, aunque no todos la poseen inicialmente, es algo que puede desarrollarse mediante el trabajo y la práctica. La capacidad de anticiparse a los acontecimientos es preferible a la improvisación. Aunque esta última puede funcionar en ciertas circunstancias, no garantiza el éxito y, en ocasiones, puede llevar al colapso repentino de la empresa debido a decisiones precipitadas.

¡La voluntad es la fuerza que activa la máquina del corazón y mueve tu mundo!

El camino de la hormiga

En el camino de la hormiga, en el siglo actual, existen numerosas propagandas que prometen autoempleo y la posibilidad de hacerse millonario. Sin embargo, la gran mayoría son una falsa esperanza. A pesar de ello, hay otras que sí ofrecen oportunidades reales. El problema es que, aunque las ganancias sean altas, su duración es breve. Esto se debe a que exprimen todo de la mina de oro y, cuando los recursos se agotan, dejan a miles de personas desempleadas. A este modelo de negocio yo lo llamo "el camino de la hormiga". Al principio puede que no lo entiendas, pero te pido que prestes atención a las líneas siguientes, donde comprenderás a qué me refiero.

Te expongo el ejemplo de una compañía que se creó hace algunos años. Su potencial económico radica en la venta de artículos como joyería de baja calidad a buen precio. El punto principal es que primero tenías que ser miembro de la compañía y promover el producto con tus amigos, quienes a su vez debían promoverlo con los suyos para unirse al grupo como miembros. De esta forma, se incrementaban los socios, y por cada amigo recomendado que ingresara, recibirías un bono en efectivo o cheque. Esto creaba una cadena de ilusiones, además de la necesidad de vender el producto y obtener una comisión por las ventas realizadas.

Muchas personas renunciaron a sus empleos para perseguir lo que creían que era su sueño dorado. Al principio, las ventas y las comisiones eran excelentes, pero, como en muchas empresas, las ventas comenzaron a disminuir. Tal vez te preguntes cómo sucedió esto. Sucedió por varias situaciones. La primera fue que se creó demasiada oferta y poca demanda al incrementar los socios de cientos a miles. Existían demasiados vendedores en la misma región, compitiendo por los mismos clientes. Además, el producto pasó de moda, lo que llevó a que las personas dejaran de consumirlo. Estos fueron los tres errores principales.

1. Exceso de oferta y escasa demanda.
2. Abundancia de vendedores en una misma zona.
3. Un producto que se vuelve obsoleto o no se actualiza.

Las personas fueron seducidas por una ilusión psicológica de ambición en su búsqueda de oportunidades y fortuna. Si bien la empresa y sus ofertas eran reales, un mal manejo agotó los recursos. Aquellos que anhelaban la riqueza se embarcaron en el camino de la hormiga, siguiendo toda la misma ruta en busca de un pedazo de fortuna. Como las hormigas siguen unidas en su destino de ida y vuelta, así también lo hicieron aquellos que siguieron este camino.

Esta es una de las razones principales que diferencia a una mente ordinaria de una mente millonaria. Si aún no ha quedado claro, te proporcionaré otro ejemplo que seguramente te ayudará a comprender.

Una empresa que personalmente admiro es aquella que creó una plataforma de transporte de alto nivel para personal, mediante una aplicación para celulares con cargo a tarjeta. Esta aplicación monitorea vía satélite en tiempo real la disponibilidad del transporte. Con una innovación tecnológica y social, esta empresa generó nuevas oportunidades de negocio para otras empresas y para personas en busca de autoempleo.

¿Cómo funciona trabajar para esta empresa?

La explicación es sencilla: todas las personas que deseen integrarse deben registrarse, poseer un auto de modelo reciente y pasar por un proceso de validación de confianza. Luego, descargan la aplicación y comienzan a trabajar. El problema no radica en la empresa, sino en las personas que buscan alcanzar la solvencia económica sin considerar los riesgos.

Muchas personas vieron en esta y otras empresas similares una oportunidad y se aventuraron sin pensar de manera clara como lo haría un empresario. Se convirtieron en seguidores, tratando de ser admitidos. Para lograrlo, se vieron obligados a comprar un automóvil en la agencia automotriz. Esto representó una oportunidad para las agencias automotrices de aumentar sus ventas con nuevos modelos de autos, que pueden ser pagados mediante un financiamiento de 4 a 5 años.

Estas circunstancias se presentan en muchos países del mundo. Me enfocaré en México para exponer el punto. Se crearon nuevos empleos para producir más autos. La oferta ya estaba en el mercado, y la demanda fue generada por las personas que deseaban o necesitaban estos vehículos, con un costo aproximado de 200,000 pesos mexicanos, equivalente a unos 10,000 dólares.

Las personas que adquieren el vehículo se endeudan por 5 años, pagando el doble del costo del auto. Este endeudamiento los lleva a trabajar más de 10 horas diarias para cubrir los gastos mensuales de su deuda y los del hogar, como luz, agua, comida e impuestos, sin considerar que se están esclavizando durante años.

Cuando terminan de pagar el total de su crédito automotriz, el valor del auto se devalúa a aproximadamente la mitad, con un alto kilometraje y desgaste del motor. En otras palabras, no es el fin del camino, sino la ruta que sigues para llegar a él lo que cambia las cosas. Se convierten en seguidores, tratando de alcanzar una independencia financiera siguiendo el mismo camino que los demás.

¿Por qué este modelo de negocio funciona para un empresario pero resulta muy difícil para una persona común? La respuesta es simple: la forma en que ejecuta su plan de negocios y su capital deben ser 5 veces mayor. Es decir, el empresario, con 4 autos, paga menos que una persona con un crédito automotriz. Mientras que la persona de bajo nivel económico se endeuda por 4 o 5 años, el empresario invierte su propio dinero y lo recupera en 1.5 años, sin necesidad de endeudarse.

Un ejemplo real ilustra esta diferencia: de todos los ingresos generados mensualmente por el vehículo, el 20% se destina al dueño de la plataforma, y el 25% se gasta en gasolina y mantenimiento. Además si se tiene un auto a crédito, aproximadamente el 35% será destinado a pagos mensuales del automóvil, lo que deja solo un pequeño margen de ganancia del 20%. Si la persona quiere tener un margen mayor de ganancia tiene que trabajar más horas de lo común, en términos prácticos, esto es poco rentable y esclaviza a la persona a varios años de trabajo constante.

Tu esquema de gastos y ganancias

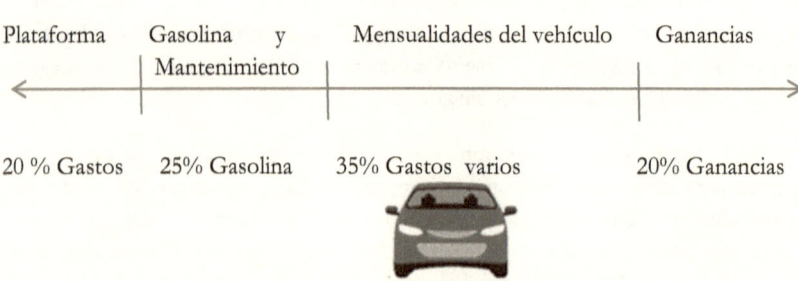

Plataforma	Gasolina y Mantenimiento	Mensualidades del vehículo	Ganancias
20 % Gastos	25% Gasolina	35% Gastos varios	20% Ganancias

Mientras que para el empresario sucede lo opuesto: sus ganancias se acumulan en forma de recuperación de inversión y no para pagos crediticios. El 55% constituye su margen de ganancias, aproximadamente un 35% adicional destinado a la recuperación de la inversión, la cual se logra en un máximo de año y medio. Así, podrá disponer de este dinero conforme se vayan generando las ganancias mes a mes. Al final, las ganancias serán mayores por adquirir los autos de contado. Estos porcentajes son derivados de trabajar el vehículo durante 12 horas diarias durante los 30 días del mes, Por obvias razones el empresario puede rentar el automóvil y recibir una cuota diaria o contratar choferes y tener su propia compañía de servicios de transporte, de cualquier forma la rentabilidad es mucho mayor que en el caso anterior de trabajar para pagar un crédito.

Tu esquema de gastos y ganancias

Plataforma	Gasolina y Mantenimiento	Ganancias
20 % Gastos	25% Gasolina	55% Ganancias y Recuperación de Inversión

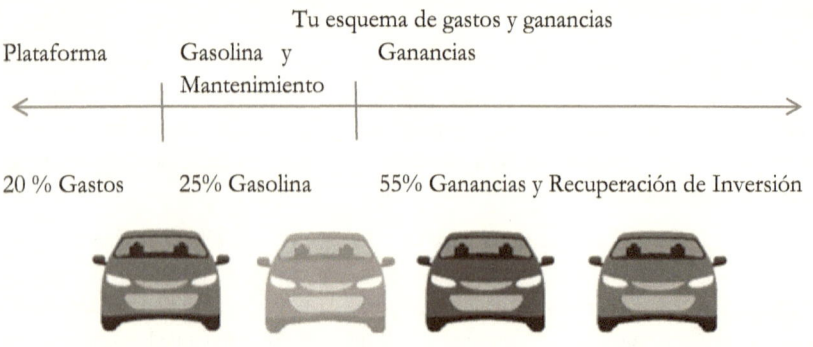

No es simplemente lo que decides hacer para mejorar tu economía, sino cómo lo haces. La necesidad y la ilusión pueden llevar a las personas a tomar decisiones desesperadas. Mi recomendación es que obtengas el dinero de tus ahorros, no a través de un crédito que te endeude por años.

En situaciones similares, cuando hay demasiados trabajadores autónomos en una región o ciudad y su número aumenta de cientos a miles, la porción económica se reduce, lo que ocasiona que los ingresos esperados sean menores. Los empresarios calculan el tiempo de recuperación de la inversión y a partir de ahí se generan las ganancias, en este caso, aproximadamente en 1.5 años.

Siguiendo "El camino de la hormiga", persiguiendo los sueños de los demás, es crucial entender que en la mayoría de los casos, las empresas no crean la demanda; son las personas las que lo hacen. La empresa simplemente crea la oferta, basándose en la calidad, precio y tipo de producto o servicio. Estas características, junto con otras necesidades o requerimientos físicos, psicológicos y personales, crean el mundo de la demanda. En cierto momento, la empresa podría manipular y controlar la demanda para su beneficio.

Elementos estratégicos, físicos y psicológicos necesarios para ser un emprendedor exitoso

Emprende hoy y conviértete en líder de tu empresa mañana. Debes tener en cuenta que, antes de ser empresario, primero tienes que ser emprendedor. No relaciones estos dos conceptos como si fueran lo mismo, porque no lo son. La diferencia entre empresario y emprendedor es muy marcada, sobre todo porque el empresario ya tiene acumulada una trayectoria y mucha experiencia. Puede decidir en qué momento estar al frente de la empresa, delegar responsabilidades y trabajar según se acomoden sus necesidades. Por otro lado, el emprendedor tendrá que hacer todo desde el principio, desde la creación de su negocio. En resumen, el empresario sabe exactamente qué necesidades y deficiencias tiene la empresa, mientras que el emprendedor está por descubrirlas.

Para que tu producto o servicio se venda, debe contar con factores fundamentales. Debe ser deseado por el consumidor y también necesario, y debe tener un precio razonable, especialmente si nos dirigimos a la clase media y baja.

Nota: Los resultados varían para cada emprendedor debido a los diversos aspectos que he plasmado en este libro, tales como sus ideas, habilidades empresariales, tipo de giro del negocio, ubicación geográfica (país, estado o territorio urbano), cantidad de dinero invertido y, sobre todo, la forma en que ejecuta todo su conocimiento y su plan de negocio.

La guía está dividida en 3 grupos de conocimientos y cualidades: Las estrategias, las habilidades mentales y los hábitos empresariales.

¡El océano de los negocios es un mar de aventuras donde nacen los sueños y surgen los empresarios!

Las habilidades y cualidades mentales para ser emprendedor o empresario son:

1. Inteligencia emocional.
2. Inteligencia empresarial, que comprende:
   2.1 Inteligencia creativa.
   2.2 Inteligencia constructiva.
   2.3 Inteligencia intuitiva.

Elementos estratégicos y físicos para emprender:

1. Identificación de oportunidades para emprender.
2. Disponibilidad de capital para invertir (dinero, bienes, inmuebles, socios, créditos, etc.).
3. Habilidad para monetizar las ideas.
4. Implementación de estrategias de marketing de calidad.
5. Realización de inversiones exponenciales.
6. Establecimiento de metas a corto y largo plazo, que incluyen:
   6.1 Análisis de estadísticas de ventas
   6.2 Evaluación de crecimiento y proyecciones a futuro

Buenos hábitos empresariales:

1. Evitar contraer deudas.
2. Anticiparse a las ventas.
3. Invertir en adquisición de conocimientos (tanto personal como empresarial).
4. Mantener inventarios proactivos.
5. Mejorar continuamente los hábitos empresariales.
6. Optimizar los horarios de trabajo.
7. Practicar lo aprendido y compartir conocimientos mediante la enseñanza.

Los elementos básicos o cualidades mentales

Los elementos básicos o cualidades mentales, como la inteligencia emocional, son aspectos psicológicos que influyen en la vida diaria de cada persona. Cada individuo posee una capacidad emocional única que puede llevarlo al éxito o estancarlo. En el contexto empresarial, la inteligencia emocional juega un papel fundamental. Podría proporcionar numerosos ejemplos, pero para ser más claro, nos centraremos en cómo esta capacidad afecta la creación de una empresa.

La inteligencia emocional ayuda a socializar con otras personas y a comprender sus emociones e intereses. Sin esta herramienta natural, es difícil alcanzar el éxito empresarial. Aunque muchas personas tienen un coeficiente intelectual elevado, esto no garantiza el éxito si no logran conectar emocionalmente con los demás, ya sean inversionistas, socios o clientes potenciales. En la mayoría de los casos, aquellos con alta inteligencia emocional tienen más éxito que aquellos con un alto coeficiente intelectual que basan su enfoque en la lógica y la racionalidad.

Conectar adecuadamente con las emociones es esencial para emprender de manera efectiva. Por ejemplo, en la venta de productos, las emociones juegan un papel crucial, ya sea por necesidad o por deseo. La timidez y la pasividad emocional no ayudarán a desarrollarse como emprendedor.

1. Inteligencia empresarial

La inteligencia empresarial representa una de las herramientas más valiosas para cualquier emprendedor. Algunos la poseen de manera innata, mientras que otros la desarrollan a lo largo de su vida mediante la interacción con su entorno, la acumulación de experiencia y el empleo de estrategias. Sin embargo, el factor más crucial reside en la visión empresarial: la habilidad para emplear todos los recursos disponibles con el fin de alcanzar un objetivo. Esto implica la observación de oportunidades de negocio, el análisis de tendencias empresariales y la capacidad de anticipar cambios en el mercado.

Es importante destacar que aquellos que poseen una gama más amplia de habilidades empresariales tienden a acercarse más a la posibilidad de alcanzar el éxito financiero. Algunos individuos nacen en entornos privilegiados, heredando estas aptitudes de sus padres y, con el tiempo, perfeccionándolas y ampliándolas. Sin embargo, para la mayoría de las personas que no cuentan con este legado empresarial, adquirir estas habilidades puede resultar más desafiante.

Desde una perspectiva empresarial, si te encuentras en la clase media o baja, es fundamental identificar qué habilidades ya posees. Muchos individuos cuentan con inteligencia emocional y oportunidades laborales, pero carecen de la inteligencia empresarial, los hábitos comerciales y, sobre todo, del capital necesario para invertir en un negocio.

2. Inteligencia creativa

La inteligencia creativa es una cualidad que se manifiesta frecuentemente en individuos capaces de generar ideas innovadoras que transforman su entorno. Desde los artesanos que moldean figuras de barro hasta los escultores que esculpen en madera o yeso, quienes poseen esta forma de inteligencia suelen ser diseñadores, dibujantes y pintores con una imaginación sorprendente. No obstante, esta capacidad no se limita únicamente a los campos artísticos, sino que también es característica de los empresarios más destacados.

El secreto radica en saber aprovechar esta inteligencia en beneficio propio, dirigiéndola hacia proyectos empresariales. Es en este punto donde surge una conexión vital con la inteligencia empresarial. Por ejemplo, recordemos el diseño previo de un cunero, donde se combinaron la inteligencia creativa y la constructiva. Estas son algunas de las bases fundamentales para el crecimiento en el ámbito empresarial.

3. Inteligencia constructiva

La inteligencia constructiva es un tipo de habilidad mental utilizada para edificar diversos elementos, tales como artículos de uso personal, productos mecánicos, instrumentos, dispositivos eléctricos, y tecnología en general. Esta inteligencia trabaja en conjunto con la creativa, siendo ambas necesarias para el desarrollo de ideas y productos. La creativa surge de la imaginación y se plasma, ya sea en papel o de manera virtual en una computadora. Por otro lado, la constructiva toma esta idea plasmada y la materializa en la realidad.

4. Inteligencia intuitiva

La inteligencia intuitiva se manifiesta en personas con la habilidad de percibir oportunidades de manera casi instintiva. Esta capacidad requiere un uso significativo de la imaginación para visualizar el potencial de una empresa. Con la inteligencia intuitiva, es posible orientar una empresa hacia un camino seguro, combinando la intuición con un análisis previo de riesgos y tendencias en los productos o servicios ofrecidos.

Elementos estratégicos para emprender

1. Oportunidades para emprender

Las oportunidades para emprender cualquier tipo de negocio surgen constantemente, pero la clave está en reconocerlas y aprovecharlas. No siempre están a simple vista; idealmente, se aprovecha el conocimiento adquirido en trabajos o empresas previas. Por ejemplo, alguien con experiencia en el diseño de moda posee los fundamentos necesarios para emprender sus propios diseños o iniciar su propia empresa de confección de prendas. Además, puede contar con habilidades complementarias como diseño publicitario, gráfico, fotografía, marketing, u otras áreas afines. Es fundamental que el emprendimiento sea algo que apasione al individuo.

A menudo se cree que las empresas generan tanto la oferta como la demanda, pero esto es un error. Las empresas únicamente crean la oferta; la demanda surge de las necesidades físicas y psicológicas de las personas. Por lo tanto, no es necesario preocuparse por crear demanda; esta se desarrollará naturalmente una vez que tus productos o servicios innovadores hayan captado la atención del público objetivo.

2. Dinero o capital para invertir

El dinero es fundamental al emprender, pero es posible hacerlo de manera moderada con recursos limitados. No es recomendable invertir demasiado al inicio, especialmente apostando todo el capital en un solo proyecto. Se sugiere destinar solo el 60% del presupuesto para el negocio o empresa, y el restante 40% invertirlo de manera gradual. Si es posible, aprovecha los recursos disponibles, como bienes e inmuebles. Por ejemplo, adaptando casas para ser talleres o utilizando terrenos. En el caso de la fabricación de productos, la maquinaria no necesariamente tiene que ser nueva. Recuerda que la mayor inversión en la fabricación radica en la maquinaria y las materias primas. Sin embargo, si tu negocio implica la compra y venta de artículos o servicios, la inversión inicial se reduce considerablemente.

3. Monetiza tus ideas

Cuando surge una idea, es crucial transformarla en un proyecto tangible, luego en una meta, y finalmente en una realidad. Este es el proceso cronológico seguido por los empresarios exitosos. Aunque el dinero no crece en los árboles, puedes plantar la semilla de tu empresa para que, con el tiempo, dé frutos económicos rentables. Es posible lograrlo con una inversión inicial modesta que genere ganancias significativas a largo plazo.

4. Marketing de calidad

El marketing y la calidad deben ir de la mano; la calidad de la publicidad es esencial para que tu negocio prospere económicamente. En gran medida, el éxito dependerá de la calidad de tu producto o servicio. Al promocionar tu producto o servicio, es crucial satisfacer las necesidades y gustos de tus clientes. La gente adquiere un producto o servicio por necesidad, deseo o simplemente por impulso del momento. En esta etapa, es fundamental ser metódico y cautivar la mente del consumidor para despertar su interés en adquirir tu producto o servicio.

5. Inversiones exponenciales

Las inversiones exponenciales deben realizarse de manera ordenada y planificada, adaptándose al crecimiento y evolución de tu empresa. Cada tipo de negocio requiere inversiones económicas diferentes; por ejemplo, la inversión necesaria para una ferretería difiere considerablemente de la requerida para una pastelería debido a las características y el giro empresarial de cada uno.

Se puede establecer una analogía estadística y comercial para determinar cuánto invertir de manera prudente en tres fases exponenciales. Por ejemplo, si la inversión inicial estimada para un local de artículos de ferretería es de 500 mil pesos mexicanos, o su equivalente de aproximadamente 25,000 dólares dependiendo de la fluctuación del dólar, se recomienda utilizar el 60 % de este monto como primera inversión. Este 60 % debe destinarse a cubrir todos los gastos, incluyendo la publicidad.

Después de 6 meses, es necesario evaluar el crecimiento de la empresa. Si las ganancias superan el 100 %, se puede considerar una segunda inversión del 20 % para fortalecer el establecimiento. De este porcentaje, se puede destinar un 18 % a productos y un 2 % a publicidad. Sin embargo, si la empresa no logra aumentar sus ganancias después de 6 o 9 meses, es importante reconsiderar si el lugar o tipo de negocio es rentable. En este caso, podría ser más adecuado no invertir más dinero y utilizar los recursos para un posible traslado o cambio de ubicación del negocio.

El restante 20 % se recomienda dejarlo como reserva para posibles eventualidades no previstas. Solo si la empresa o negocio genera los resultados esperados se debería considerar invertir el resto. Las empresas que tienen aseguradas las ventas de sus productos o servicios, como las franquicias, pueden permitirse invertir el 100 % de manera segura.

6. Medición y establecimiento de metas a corto y largo plazo

Navegar sin rumbo equivale a no tener metas definidas. Es importante establecer objetivos empresariales tanto a corto como a largo plazo, y además, es esencial medir con precisión el crecimiento o las pérdidas en tu negocio o establecimiento.

Se recomienda establecer metas a corto plazo para un período de 6 a 9 meses, y metas a largo plazo para un período de 2 a 5 años.

7. Generación Mensual de Estadísticas y Reportes de Ventas

Es fundamental generar estadísticas y reportes de ventas de manera mensual para tener un panorama claro de la situación financiera. Estos reportes te permitirán identificar qué productos o servicios son los más demandados y evaluar las posibilidades de crecimiento o mantenimiento de tu negocio.

Por ejemplo, si vendes productos en un local físico o en línea, puedes analizar los datos de ventas de manera sencilla. Supongamos que tienes tres productos: A, B y C. En el primer mes, el producto A representó el 33% de las ventas totales, en el segundo mes el 44%, y en el tercer mes el 47%. Por otro lado, el producto B representó el 20% de las ventas en el primer mes, el 18% en el segundo, y el 25% en el tercer mes. En cambio, el producto C solo representó el 5% de las ventas en los tres meses.

Estos datos de ventas nos permiten generar estadísticas que muestran que el producto A es el más vendido, con un aumento en las ventas. En contraste, el producto C parece obsoleto debido a su bajo rendimiento. Con base en esta información, es posible tomar decisiones estratégicas, como cambiar el producto con el proveedor ya que es un producto obsoleto o liquidar el producto con bajo rendimiento en una venta de remate para recuperar la inversión.

8. Análisis de crecimiento y proyecciones a futuro

Basándose en las estadísticas y reportes generados, se lleva a cabo un análisis de crecimiento a 6, 12 y 18 meses. Las proyecciones son un instrumento de referencia para evaluar el futuro del negocio o empresa, lo que permite anticipar su viabilidad económica. Muchos empresarios de renombre emplean estas herramientas para prever posibles crisis financieras y evitar pérdidas significativas. En otras palabras, se analiza si es rentable invertir en una empresa que está experimentando un declive y que podría enfrentar la quiebra en los próximos meses.

Hábitos empresariales

Los pensamientos tienen el poder de convertirse en hábitos. El cerebro es programable, lo que significa que tiene la capacidad de influir en el cuerpo tanto física como emocionalmente. Los pensamientos positivos fortalecen la imaginación, mientras que los hábitos empresariales refuerzan la conducta y permiten aprovechar el entorno laboral para alcanzar el éxito deseado.

1. No a las Deudas Innecesarias

Al comenzar tu negocio, es preferible vender productos para luego adquirir maquinaria, en lugar de comprar maquinaria para producir tus productos. La maquinaria de fabricación es indispensable, aunque en algunos casos se puede optar por métodos totalmente manuales. Antes de incurrir en deudas, es crucial evaluar la rentabilidad de tu producto y comprender el potencial de crecimiento y el mercado al que se dirige. Considera evitar las deudas siempre que sea posible. Si es necesario endeudarte, analiza exhaustivamente los riesgos antes de hacerlo.

2. Anticipación en las ventas

Este concepto es poco conocido, siendo más comúnmente referido como "preventas". Una forma sencilla de explicarlo es con el siguiente ejemplo: un concierto programado para meses más adelante ofrece una preventa de boletos, asegurando ventas antes del evento. De la misma manera, te recomiendo realizar ventas de tu producto o servicio incluso antes de la fabricación en masa. Esto ayudará a evitar sobreinventarios y pérdidas considerables debido a la falta de clientes. Busca a tus clientes y socios antes de la producción en masa y asegúrate de tener modelos o productos terminados disponibles para su presentación.

3. Inversión en educación continua

Es preferible invertir en conocimiento al principio en lugar de comprometer grandes sumas de dinero o aventurarse en negocios desconocidos. La mejor forma de hacerlo es obtener conocimientos a través de amistades y personas que puedan aportar experiencia, así como realizar autoestudios utilizando diversos recursos como libros, internet, videos, audiolibros y contactando directamente con personas que se dediquen a la actividad diariamente.

4. Inventarios frecuentes.

Un inventario bien ejecutado supera a cualquier sistema automatizado. De nada sirve tener un sistema de inventario si no se lleva a cabo adecuadamente al menos una vez al mes. Es esencial eliminar del inventario aquellos productos que no han tenido ventas o cuyas ventas representan menos del 5% del total mensual. Estos productos pueden intercambiarse con el proveedor por productos con mayores ventas o liquidarse en ventas de remate para liberar espacio en el inventario. Los fondos obtenidos de la venta de estos artículos obsoletos pueden reinvertirse en productos con mayor demanda.

5. Mejorar los Hábitos Empresariales

Los hábitos empresariales son herramientas fundamentales para alcanzar el éxito en el mundo empresarial. Se definen como actividades cotidianas en las que programamos a nuestro cerebro para realizarlas de manera regular. Algunos de los hábitos más importantes son:

- Registro de Actividades: Es vital llevar un registro de las actividades diarias, semanales y mensuales. Acostúmbrate a registrarlas al menos una vez a la semana, incluyendo pérdidas y ganancias.
- Análisis Continuo: Es esencial dedicar tiempo a analizar formas de hacer crecer tu negocio. Registra nuevos métodos y enfoques cada mes.
- Fomento de la Lectura y el Autoestudio: Fortalece el hábito de la lectura y el autoaprendizaje para mejorar tu negocio constantemente.
- Ahorro e Inversión: Establece el hábito de ahorrar un porcentaje de al menos el 15% de tus ganancias y busca oportunidades de inversión para hacer crecer tu patrimonio.
- Responsabilidad Financiera: Practica el hábito de ser un jefe responsable en términos financieros. Evita gastar más de lo necesario y asegúrate de dividir todos tus gastos mensuales, incluyendo agua, luz, renta del establecimiento y salarios de empleados. Además, no olvides pagarte a ti mismo un sueldo; eres otro empleado de tu empresa. Evita recurrir a préstamos innecesarios.

6. Optimización de horarios de trabajo

Es crucial ser estricto con tus horarios, incluso siendo el propietario de tu negocio. Debes establecer horarios definidos para todas tus actividades, incluyendo el inicio y fin de la jornada laboral, así como los momentos para comer. Evita trabajar más de lo necesario, ya que una mala gestión del tiempo puede afectar tanto tu salud como la administración eficiente de tu negocio.

7. Práctica continua de lo aprendido

Es fundamental poner en práctica constantemente todo lo aprendido a través de la experiencia laboral. Acepta consejos de personas con experiencia y genera un hábito de trabajo basado en conductas beneficiosas para el negocio. Además, comparte y enseña tus conocimientos con otros miembros de tu equipo para que juntos contribuyan al crecimiento y éxito del negocio.

¡Una mente pobre se contradice a sí misma, anhelan ser ricos, pero trabajan solo para tener la misma pobreza!

¿Qué es y cómo desarrollar una franquicia exitosa?

La definición más precisa de una franquicia es la siguiente: se trata de una firma comercial que autoriza a otros propietarios a vender sus productos o servicios en sus tiendas. Estos propietarios tienen la licencia de utilizar el nombre, la marca o el producto de la empresa matriz bajo ciertas condiciones económicas. La relación entre las partes implica un acuerdo comercial en el que el franquiciado está obligado a pagar una tarifa establecida para obtener la licencia.

Para crear una franquicia, es fundamental contar con un establecimiento, negocio o empresa que sea altamente rentable, escalable y competitivo en el mercado. Es crucial que cualquier persona que vea la publicidad de la empresa comprenda de inmediato qué ofrece y se sienta tentada a consumir sus productos o servicios. Posicionar tu empresa como una de las más destacadas en el mercado es un desafío considerable, incluso para empresarios experimentados. Requiere una inversión considerable de recursos monetarios, además de un gran esfuerzo en términos de mercadotecnia. Este proceso puede resultar especialmente difícil para aquellos en la clase baja, quienes pueden tener dificultades para financiar esta empresa de alto nivel y llevar a cabo las estrategias de marketing necesarias.

En otras palabras, es más sencillo adquirir la licencia de una franquicia de una empresa establecida y exitosa. Sin embargo, si tu objetivo es crear tu propia franquicia para luego venderla o alquilarla y obtener ganancias, deberás construir tu empresa desde cero. Concéntrate en hacer que tu empresa sea una de las mejores en su sector; el resto, incluyendo la franquicia, se desarrollará naturalmente.

Un ejemplo de franquicia

Una destacada empresa de pinturas en México, posicionada como una de las mejores en su sector, cuenta con una excelente publicidad en diversos medios, incluyendo la radio, revistas y, sobre todo, la televisión. Sus estrategias comerciales son altamente efectivas. Sin embargo, surge la pregunta: ¿qué sucede si alguien desea adquirir una franquicia de esta empresa de pinturas?

Resulta que necesitaría aproximadamente entre 50 y 70 mil dólares. Para una persona de clase baja, acumular este capital es prácticamente imposible. Se requeriría ahorrar casi la mitad de su salario durante 12 o 15 años. Las franquicias suelen estar diseñadas para personas de clase media y alta, lo que deja a aquellos de recursos más limitados sin oportunidades de competir.

Sin embargo, esto no debe ser un obstáculo para perseguir tus metas. Por el contrario, debe servir como motivación. Con las herramientas y el enfoque adecuados, cualquiera puede convertirse en emprendedor. El éxito está determinado por tu compromiso y perseverancia. Paso a paso, podemos analizar cómo acceder a una franquicia.

Como mencioné anteriormente, el poder de los emprendedores trabajando juntos es la clave para formar una empresa. Al asociarse, les resultará más sencillo reunir el capital necesario.

¿Cómo hacerlo?

Para empezar, es crucial encontrar un grupo de emprendedores interesados en el mismo proyecto y con los mismos objetivos. La cantidad de inversionistas o socios dependerá del proyecto y del capital necesario para invertir.

En el siguiente ejemplo, vamos a considerar la formación de una pequeña empresa, que suele requerir una de las inversiones más importantes. Por este motivo, recomiendo contar con entre 3 y 5 inversionistas. En este caso, utilizaremos 5 socios inversionistas.

Para que un negocio sea rentable, debe ser capaz de cubrir el 100% de los gastos del local o establecimiento, así como los salarios de los empleados, y además dejar un margen de ganancias para todos los socios. La inversión aproximada para un local con más de dos empleados oscila entre 1,000,000 y 1,500,000 pesos mexicanos, o alrededor de 70 mil dólares. Las ganancias dependerán de varios factores, siendo los más importantes los siguientes:

1. El tipo de producto o servicio.
2. El margen de ganancias, que debe situarse entre el 25% y el 35%.
3. La cantidad de productos vendidos por día, por semana y por mes.

Para este tipo de negocios, la gráfica o estimación de ganancias muestra que las ganancias deben estar, como mínimo, entre 600 y 800 dólares mensuales por cada socio para que el negocio pueda subsistir. ¿Qué determina cuántos empleados son necesarios para un establecimiento como este?

Podría pensarse que es el tamaño del local comercial lo que determina cuántos empleados debe tener. Sin embargo, la realidad es más simple. Se evalúan las dimensiones del lugar, pero lo más importante es el giro del negocio, donde las ventas representan el 80% de la ecuación. Para visualizar cuántos empleados son necesarios, se analiza la cantidad promedio diaria de clientes respecto a la cantidad de artículos vendidos.

Otra medida importante que se debe tomar en cuenta para locales comerciales es que, cuando el espacio va de 2 a 6 metros cuadrados y se atienden de 1 a 10 clientes por hora, solo se necesita un empleado. Existen varias formas y fórmulas para calcular promedios, pero lo más relevante es la cantidad constante de clientes y artículos vendidos diariamente.

Cada giro comercial o modelo de negocio es diferente y, en consecuencia, la cantidad de empleados necesarios también varía. Recuerda que esto depende en gran medida de los factores mencionados anteriormente. Por ejemplo, no es lo mismo trabajar en una abarrotera, donde podría haber de 100 a 500 clientes diarios, que en una agencia de vehículos, donde las ventas se limitan a unos cuantos autos por semana y unos cuantos clientes al día. Además, los sueldos son diferentes: el de la agencia trabaja por comisión, mientras que el de la abarrotera recibe un sueldo fijo.

En el esquema y modelo de negocio para una tienda de pinturas con 5 socios, partiendo de la formación de una microempresa en lugar de una franquicia, te mostraré lo que no se debe hacer y lo que sí es recomendable.

Cuando se habla de socios, lo primero que viene a la mente de una persona es una inversión igualitaria entre cada socio o miembro. En este ejemplo, tenemos 5 socios que invertirán una cantidad igualitaria, acumulando entre todos varios millones de pesos o el equivalente a 50 mil dólares. De esta cantidad, aproximadamente el 60% se utilizará para la compra de productos, y el 40% restante se destinará a publicidad, alquiler del local y pago de empleados durante al menos 6 meses.

¿Crees que esta es la forma adecuada de invertir el dinero?

Primero, debes tomar en cuenta que un establecimiento como este debe generar un ingreso mensual aproximado de entre 200,000 y 250,000 pesos mexicanos, o su equivalente en 12,500 dólares.

¿Cómo se determinan las ganancias necesarias para que un establecimiento sea rentable?

Esto depende del tipo de negocio o empresa, pero se basa en el concepto de que cada inversionista debe recuperar su inversión en un periodo estimado, conocido como "retorno de inversión". La mayoría de los empresarios esperan recuperar su inversión en uno o dos años, aunque para inversiones más grandes este periodo puede extenderse a tres o cinco años. En el caso de este negocio, proponemos un periodo de 1.5 años para recuperar la inversión. Cada inversionista que aporte 200,000 pesos deberá recuperar su inversión en un máximo de 18 meses; de lo contrario, el negocio no sería rentable. Por tanto, debido a estas condiciones, es poco probable que este esquema de negocio sea rentable rápidamente. Además, el local tendría que ser lo suficientemente grande para emplear a 3 o 4 personas, y las ventas mensuales deberían superar los 12,000 dólares, también debe contar con una excelente estrategia publicitaria y alta demanda de productos en la zona o región. Además, para tener éxito, el mercado debería ser muy amplio, y el producto debe ser competitivo en comparación con otras marcas y tiendas de la región.

¿Cuál sería entonces la mejor manera de invertir con los socios?

Hay varias formas de abordar la inversión, pero en todas ellas se debe buscar el beneficio empresarial, grupal y personal de cada socio. Se requiere una distribución eficiente del recurso monetario. Aquí te presento una opción más adecuada para lograr esto.

Como mencioné anteriormente, el gasto de recursos es significativo, al igual que el riesgo de que la empresa y los socios enfrenten dificultades financieras si el establecimiento no es rentable. Lo primero es evaluar el mercado de este negocio. En cuanto a la inversión, es preferible que sea de manera fragmentada o en partes, creando varias tiendas pequeñas o locales comerciales en lugar de un solo establecimiento. Por ejemplo:

Para abastecer una tienda de pinturas con un surtido de productos que cubra al menos el 60% al 70%, considerando una única tienda, se requeriría una inversión aproximada de 800 mil pesos o alrededor de 40 mil dólares. Sin embargo, si este porcentaje se divide en cinco partes, asignando a cada socio una parte y solicitando solo los productos más vendidos, y luego distribuyendo la mercancía total entre los socios para que cada uno tenga su propia tienda, se aumentarían las posibilidades de éxito. No obstante, al adoptar esta estrategia, surgen algunas interrogantes:

¿Por qué una persona no abre su propio negocio en lugar de asociarse?

Si una persona intenta establecer su propio negocio sin asociarse, el capital inicial superaría los 200 mil pesos. Además, se debe considerar que el emprendedor tendría que alquilar un local, adecuarlo y pagar a los empleados, lo que aumenta su inversión inicial. Otras razones para esto son que, en primer lugar, la mayoría de las empresas que venden productos solo aceptan compras al por mayor. Con el capital disponible, no se podría adquirir ni siquiera el 30% de los productos necesarios para que la empresa pueda mantenerse a flote. La falta de productos sería uno de los principales problemas en las ventas.

Por ejemplo, si se quisiera comprar pintura en aerosol, el proveedor mayorista vendería cajas completas. Tendrías que adquirir la caja completa de 24 pinturas en aerosol, pero solo estaría disponible en un color. Con la amplia variedad de colores disponibles, es poco probable que se tenga el capital suficiente para adquirir toda la diversidad necesaria. Esta situación es una realidad para inversionistas de clase media o baja con recursos limitados.

Por los motivos anteriores, es importante considerar la inclusión de socios en tu estrategia comercial. Al involucrar socios en esta etapa inicial, cada uno podría iniciar con su propio establecimiento en diferentes regiones, evitando así la competencia directa entre ellos. En este punto, podrían ser socios únicamente en la inversión inicial, que es una de las partes más costosas para el emprendedor. Se puede comenzar con un local pequeño y un solo empleado. A este modelo de negocio se le conoce como "dispersión grupal de recursos" y es utilizado por grandes empresarios. Lo que te he mostrado aquí es solo una versión a pequeña escala de cómo lo hacen los multimillonarios.

Retomando la idea de los socios, si desean continuar siéndolo en todas las tiendas o establecimientos comerciales, deberían repartir de manera grupal los gastos y las ganancias. Cualquiera de estas posibilidades es viable y dependerá de la forma en que se negocie entre los socios. Si se decide continuar con la sociedad empresarial, habrá otras oportunidades. Las tiendas distribuidas en diferentes regiones abarcarán una mayor extensión territorial y, por ende, tendrán un mayor número de clientes. Esto beneficiará las ventas en línea o por teléfono.

Además, si un producto se agota en un establecimiento, puede ser enviado al cliente desde otra sucursal, creando así un pequeño monopolio comercial.

Los métodos grupales son los que más recomiendo en mis libros debido a ser una potente herramienta que ha demostrado su eficacia a lo largo del tiempo. Constantemente recibo agradecimientos de personas que han transformado sus vidas gracias a los consejos y estrategias que he compartido, así como también por mis experiencias. Sin embargo, es importante recalcar que no todos logran el éxito a la primera; la constancia, el esfuerzo y la disciplina son la base de toda empresa que triunfa.

¡En los negocios, no imagines tu destino, planea, desarrolla, crea y vive tu presente para ser un emprendedor con futuro!

El arte de emprender con sabiduría (aprender a emprender)

Entregarse al riesgo, darse la oportunidad del fracaso antes del éxito; personalmente, no considero un proyecto de negocio fallido como un fracaso. Verlo de esa manera solo conduce a pensamientos negativos. Más bien, es una oportunidad para mejorar, hacer las cosas de manera diferente y aprender de los errores. No darse por vencido es el primer paso hacia el éxito.

Algunas frases como "mi dinero trabaja mientras duermo" o "empresas generando dinero y ganancias las 24 horas, los 7 días de la semana" reflejan una realidad alcanzable, especialmente cuando se cuenta con una plataforma en línea. Las ventajas son numerosas y el riesgo de pérdida es mínimo. No se necesita una gran inversión y se puede monitorear en cualquier momento desde cualquier lugar. Pequeñas empresas con grandes ingresos: la publicidad es tu mejor herramienta para ganar dinero, y un buen producto o servicio es la mejor opción para mantener tu empresa. Internet es el mejor aliado que trabaja sin descanso. No vivir la experiencia de emprender es negarse la oportunidad del éxito o el fracaso, y así, perder la oportunidad de aprender de ambos.

Hay varios tipos de trabajadores, y entre ellos, los siguientes tres son los más comunes:

1. Aquellos que trabajan para pagar deudas y cubrir sus gastos mensuales.
2. Los que trabajan para generar capital y ahorros para su retiro.
3. Los que trabajan con la meta de emprender y tener su propia empresa o negocio.

En mi opinión y experiencia, aquellos que trabajan con la intención de emprender tarde o temprano actúan como un imán del dinero.

Así que no te engañes ni te aferres a ilusiones. ¿Y tú, a qué tipo de trabajador perteneces? No esperes que algo bueno suceda si simplemente te quedas mirando. Tus decisiones moldean tu presente y te preparan para el futuro. Es fundamental distinguir entre ideas útiles e inútiles, encontrar factores clave. Un producto innovador tendrá más valor, ya que si creas algo que ya existe en el mercado, se verá devaluado y poco atractivo. Además de ser innovador, debe ser algo que la gente realmente necesite; de lo contrario, será poco o nada rentable.

Rompiendo la rutina, toma papel y lápiz y apunta al menos 10 ideas de negocios. Luego, elige una o dos que sean más viables. Analiza la oportunidad en el mercado, es decir, la demanda. Reflexiona sobre qué necesidades debe satisfacer tu negocio, a qué grupo o grupos va dirigido y de qué se trata, es decir, qué productos o servicios ofrece. Revisa los costos iniciales de tu negocio o empresa y contacta a proveedores de productos o servicios. Antes de competir con otra empresa, considera la posibilidad de buscar socios. A veces, lo que se percibe como competencia puede convertirse en un aliado o proveedor directo para tu negocio.

Por ejemplo, imagina un negocio que ofrece artículos de plástico para diversos usos en el hogar, la cocina o el baño. El primer error sería invertir en maquinaria y desarrollo de productos sin saber si estos serán rentables, y sin tener clientes potenciales. En lugar de eso, busca un proveedor de artículos de plástico o busca asociarte con un negocio ya establecido. Si es posible, conviértete en un aliado en lugar de una competencia directa.

Visualiza tus propósitos y metas como si los estuvieras realizando en este preciso momento en el presente, como si la experiencia de ser emprendedor o emprendedora la estuvieras viviendo en este justo momento, con esa mentalidad podrás forjar un nuevo mundo para tu vida libre de deudas con un libertad financiera que desata las cadenas de la opresión psicológica y laboral.

Te recomiendo que antes de emprender, visualices y enfoques que tipo de emprendimiento quieres realizar, imagina, planea, crea y fortalece tus conocimientos y ponlos en práctica.

Agradezco el tiempo que has dedicado a este libro, el cual espero que te resulte útil. No dudes en dejarme tus comentarios, tu opinión es importante. La intención fue ayudarte a desarrollar tu potencial mental y empresarial para que logres tus metas.

¡No señales con el dedo a las personas que cometen errores; mejor señala el camino que deben seguir y ayúdalos a ser mejores personas!